# 经济管理前沿理论与创新发展研究

高 军 ◎ 著

北京工业大学出版社

图书在版编目（CIP）数据

经济管理前沿理论与创新发展研究 / 高军著. —北京：北京工业大学出版社，2019.11
ISBN 978-7-5639-6824-4

Ⅰ.①经… Ⅱ.①高… Ⅲ.①经济管理－研究 Ⅳ.①F2

中国版本图书馆 CIP 数据核字（2019）第 105782 号

## 经济管理前沿理论与创新发展研究

| 著　　者 | ：高　军 |
|---|---|
| 责任编辑 | ：任军锋 |
| 封面设计 | ：点墨轩阁 |
| 出版发行 | ：北京工业大学出版社 |
| | （北京市朝阳区平乐园 100 号　邮编：100124） |
| | 010-67391722（传真）　bgdcbs@sina.com |
| 经销单位 | ：全国各地新华书店 |
| 承印单位 | ：定州启航印刷有限公司 |
| 开　　本 | ：787 毫米×1092 毫米　1/16 |
| 印　　张 | ：11.75 |
| 字　　数 | ：235 千字 |
| 版　　次 | ：2019 年 11 月第 1 版 |
| 印　　次 | ：2019 年 11 月第 1 次印刷 |
| 标准书号 | ：ISBN 978-7-5639-6824-4 |
| 定　　价 | ：40.00 元 |

版权所有　翻印必究

（如发现印装质量问题，请寄本社发行部调换 010-67391106）

## 作者简介

高军,1971年4月生人,硕士研究生,现任职于中国石化销售有限公司天津石油分公司,高级经济师。主要研究方向:经济管理。具有近30年企业管理、财会专业管理等方面的从业实践经验,能够行之有效地解决经济活动和专业工作中的实际问题,有综合性和创新性的专业实务事例。5项成果分别荣获省部级企业管理现代化创新及优秀应用成果一、二等奖和全国十佳企业管理案例奖。先后发表7篇学术论文,编撰了油品销售板块《内部控制手册》《风险手册》和两部专业培训教材读本。

# 前　言

　　人们所处的经济社会和经济环境无时无刻不在发生着改变，市场因素、政治因素、人为因素以及一些突发事件，都在一定程度上冲击或影响相关的经济体。在经济体系不确定性被逐渐放大的情况下，企业经济管理上的创新活动具有十分重大的意义，它不仅代表着过去的体制和工作方法的调整，更体现着企业上下以及各个部门在现今的大环境下，极高的应变能力以及强大的执行力和把控力，毕竟不论是哪个方面的一次创新都将涉及部门、员工、与外界的合作以及一些体制规章上的变化，创新活动从企划到实现将会是一个复杂且漫长的过程。只有企业中的各个部门、各个职能单位及员工之间同步和谐，才能均衡地实现企业目标，即企业经济管理的内涵。

　　企业经济管理包括企业的内部审核、人力资源管理、生产等多方面的管理，对于目前我国的大部分企业来说，企业的经济管理必须转变现有的企业经济管理理念，树立品牌创新意识，从战略全局去创新企业的经济管理工作，在管理中，企业必须深化改革，加强企业内部的调控与管理，从而在市场经济竞争中获得利润，完成企业目标。

　　全书共分七章内容。第一章为绪论，主要阐述了经济与管理的关系、经济管理研究的内容以及经济管理中的若干问题等内容；第二章为企业的经济与管理，主要阐述了企业与现代企业制度、企业的主要经济目标、企业的主要管理活动和企业在经济发展中的作用等内容；第三章为经济管理的前沿理论，主要阐述了管理理论前沿、经济管理思想的演变、经济管理的性质与原则以及经济管理的内容与方法和经济管理的效益与评价等内容；第四章为经济管理的宏观视角，主要阐述了宏观经济管理、经济发展模式与宏观管理目标以及宏观经济管理中的市场环境等内容；第五章为经济管理的微观视角，主要阐述了消费者、生产者与市场、市场需求分析以及市场供给分析和市场均衡与政府政策等内容；第六章为现代企业经济管理者的素质，主要阐述了经济组织管理者应具备的素质、经济组织管理者应重视的工作方法以及经济管理者的基本技术素质等内容；第七章为现代企业经济管理的创新与发展，主要阐述了现代企业管理中存在的问题、现代企业经济管理的创新策略以及企业经济管理创新与发展等内容。

为了确保研究内容的丰富性和多样性,作者在写作过程中参考了大量理论与研究文献,在此向涉及的专家学者表示衷心的感谢。

最后,限于作者水平有限,加之时间仓促,本书难免存在疏漏,在此,恳请读者朋友批评指正!

# 目 录

## 第一章 绪 论 ... 1
- 第一节 经济与管理的关系 ... 1
- 第二节 经济管理研究的内容 ... 13
- 第三节 经济管理中的若干问题 ... 21

## 第二章 企业的经济与管理 ... 23
- 第一节 企业与现代企业制度 ... 23
- 第二节 企业的主要经济目标 ... 28
- 第三节 企业的主要管理活动 ... 31
- 第四节 企业在经济发展中的作用 ... 46

## 第三章 经济管理的前沿理论 ... 49
- 第一节 管理理论前沿 ... 49
- 第二节 经济管理思想的演变 ... 63
- 第三节 经济管理的性质与原则 ... 64
- 第四节 经济管理的内容与方法 ... 65
- 第五节 经济管理的效益与评价 ... 68

## 第四章 经济管理的宏观视角 ... 73
- 第一节 宏观经济管理 ... 73
- 第二节 经济发展模式与宏观管理目标 ... 74
- 第三节 宏观经济管理中的市场环境 ... 83

## 第五章 经济管理创新的微观视角 ... 97
- 第一节 消费者、生产者与市场 ... 97
- 第二节 市场需求分析 ... 106
- 第三节 市场供给分析 ... 109

第四节 市场均衡与政府政策 ········································· 112

**第六章 现代企业经济管理者的素质** ······································· 123
   第一节 经济组织管理者应具备的素质 ································· 123
   第二节 经济组织管理者应重视的工作方法 ····························· 147
   第三节 经济管理者的基本技术素质 ··································· 150

**第七章 现代企业经济管理的创新与发展** ··································· 153
   第一节 现代企业经济管理中存在的问题 ······························· 153
   第二节 现代企业经济管理的创新策略 ································· 157
   第三节 企业经济管理创新与发展 ····································· 160

**参 考 文 献** ························································· 171

# 第一章　绪　论

经济和管理是人类社会中最基本的实践活动，是人类社会从原始走向文明的伴生物，它始终是人类社会实践活动的结晶。在目前以经济发展和人的全面发展为主题的时代，人们经常会面对各种各样的经济管理现象，而这些现象需要人们做出更合理的解释；从某种意义上讲，每个人的行为都是一种经济行为，都需要考虑选择成本和收益问题，同时也都是一种管理行为，都要对自己的行为有计划、组织和控制等。了解一些经济管理基础知识能够合理地配置和利用稀缺资源，从而对人、财物、时间、信息等对象进行科学的管理。本章将从经济与管理的关系、经济管理研究的内容、经济管理的发展历程和经济管理中的若干问题四个方面具体阐述经济管理的有关知识。

## 第一节　经济与管理的关系

### 一、经济

#### （一）经济的概念

经济这个词来源于希腊语，最早是古希腊的色诺芬在《经济论》和《雅典的收入》中使用的，是指奴隶主庄园的管理，或是说家庭管理的方法。在古希腊经济是取得生活所必要的并且对家庭和国家有用的具有使用价值的物品的方法。在西方，随着自然经济发展到商品经济，"经济"一词便超出了家务管理的范围。在中国古代，"经"是指经营国家事务，"济"是指救济人民生活，"经济"一词的原意是指"经邦济世""经国济民"。清朝末期日本开始工业革命，吸收了大量的西方文化。在这个过程中，学者将西方经济类著作中的"Economy"一词译为"经济"。现代汉语中所使用的"经济"一词，是我国近代学者严复翻译日本著作时引进的词汇，并且随着社会的不断进步，"经济"一词在汉语中的含义更加广泛。

经济是人类社会存在的物质基础。与政治一样，经济也属于人类社会的上层建筑，是构建人类社会并维系人类社会运行的必要条件。在不同的语言环境中，"经济"一词有不同的含义。它既可以指一个国家的宏观的国民经济，也可以指一个家庭的收入和支出。"经济"有时作为一个名词，指一种财政状态或收支状态；有时候也可以作为动词使用，指一种生产过程等。

### 1. "经济"在我国古代的含义

我国早在公元4世纪初的东晋就已经开始使用"经济"一词了。《晋书·殷浩传》："足下沉识淹长，思综通练，起而明之，足以经济。"此时，"经济"一词是经邦济世、经国济世或经世济民等词的综合和简化，含有"治国平天下"的意思。在我国古代文化中，"经济"一词的含义十分丰富，涵盖了丰富的社会内涵和人文思想，它代表着知识分子的责任。"经济"一词在我国古代汉语中主要指宏观层面上治理国家、拯救庶民。

### 2. "经济"在近现代的含义

随着时代的变迁，"经济"一词逐渐具有了现代社会中人们经常使用的含义。在日常生活中，人们认为经济是指耗费少而收益多，有时也指财力、物力，指个人的收支状况。

到了现代，由于不同的学者从不同的角度来解释经济，使经济一词的含义更加广泛。同时由于西方经济学中的经济学有多种定义，但经济的定义并不明确。在西方经济学家看来，经济是经济学的研究对象，是一个实体，不需要对其进行定义。因此，西方经济学中的"经济"一词的定义比较模糊，故而西方经济学中经济学的定义也不明确。

目前，国内不同的学者从不同的角度，也给出了经济不同的定义，如经济是指创造财富的过程；经济是指利用稀缺的资源生产有价值的商品，并将它们分配给不同的个人；经济是指资源配置的全过程及决定影响资源配置的全部因素等。

因此，一般认为经济就是稀缺资源的配置和稀缺资源的利用。

## （二）资源和资源的稀缺性

### 1. 资源

生产经济物品的资源既包括经过人类劳动生产出来的经济物品，也包括大自然形成的自然资源。资源，也叫生产资源、生产要素，通常包括劳动、土地、矿藏、森林、水域等自然资源，以及由这两种原始生产要素生产出来再用于生产过程的资本财货，一般把它分为经济物品（即国民财产）和自由物品（即自然资源）。在经济学里，一般认为资源包括资本、劳动、土地和企业家才能四种要素。土地和劳动这两种生产要素又被称为原始的或第一级的生产要素，其中土地泛指各种自然资源。由两种原始生产要素生产出来的产品，除了直接用来满足人的消费需求以外，再投入生产过程中的资本财货则称为中间产品。

### 2. 资源的稀缺性

在现实生活中，人们需求的满足绝大多数是依靠经济物品来完成的，对于人的欲望来说，经济物品或生产这些经济物品的资源总是不足的，这种相对有限性就是资源的稀缺性。物品和资源是稀缺的，社会必须有效地加以利用，这是经济学的核心思想。理解资源稀缺性这一概念时，要注意以下三点。

（1）必要性

经济学研究的问题是由于资源稀缺性的存在而产生的，没有资源稀缺性就没有经济学研究的必要性。如在农业生产中，需要解决的主要经济问题是如何通过合理配置和利用土地、种子、机械设备、劳动力等稀缺资源，使之与自然界中的空气、阳光等自由物品相结合，生产出更多的产品，满足人类社会不断增长的物质和文化生活的需要。

（2）相对性

资源稀缺性强调的不是资源绝对数量的多少，而是相对于人类社会需要的无限性而言的资源的有限性。从这一点来理解，资源的稀缺性是一个相对性的概念，它产生于人类对欲望的满足和资源的不足之间的矛盾中。某种资源的绝对数量可能很多，但人们所需要的更多；某些资源的数量是相对固定的，如土地，而人类的需要是无限增长的，随着人类社会的发展，土地资源的稀缺性会表现得越来越突出。

（3）永恒性

对于人类社会来说，资源稀缺性的存在是一个永恒的问题。除泛在性自然资源外，其他资源都是稀缺资源，任何人、任何社会都无法摆脱资源的稀缺性。资源稀缺性的存在是人类社会必须面对的基本事实。随着社会发展以及生产和生活条件不断提高，人类的需要会不断增长，同时，自由物品也会逐渐变成经济物品。需要的无限性是人类社会前进的动力，人类永远都要为满足自己不断产生的需要而奋斗。

## （三）资源配置和资源利用

### 1. 资源配置问题

人类的欲望具有无限性和层次性，但在一定时期内人的欲望又具有相对固定性，而且有轻重缓急之分。人们首先得满足自身生命的基本需要，此时其他的需要都退居次要地位。那么，在资源有限的条件下，如何用有限的物品和服务在有限的时间内去满足最重要最迫切的欲望呢？怎样使用有限的相对稀缺的生产资源来满足无限多样化的需要，这是一个经济问题，要求人们必须对如何使用稀缺资源做出选择。所谓选择，就是如何利用既定的有限的资源去生产尽可能多的经济物品，以便最大限度地满足自身的各种需求。

选择是经济学中首先要解决的问题，它涉及机会成本和资源配置问题。机会成本是做出决策时所放弃的另外多项选择中的潜在收益最高的那一项目的潜在收益。机会成本是经济活动中人们面临权衡取舍时的基本准则，也是一种经济思维方式。

### 2. 资源利用问题

在一个社会资源既定和生产技术水平不变的情况下，人类的生产情况有三种。第一种情况是现实生活中稀缺的资源和经济物品没有得到合理的利用，存在着资源浪费现象；第二种情况是稀缺的资源和经济物品得到了合理的利用；第三种情况是在现有的资源和技术水平条件下，既定的稀缺资源得到了充分利用，生产出了更多的产品，这是由人类欲望无限性决定的。这样在资源配置既定的前提下，又引申出了资源利用问题。

资源利用就是人类社会如何更好地利用现有的稀缺资源，使之生产出更多的经济物品和服务。

### 3. 经济制度

资源配置和利用的运行机制就是经济制度。当前世界上解决资源配置与资源利用的经济制度基本有以下三种。

（1）计划经济制度

生产资料国家所有，靠政府的指令性计划或指导性计划来做出有关生产和分配的所有重大决策，即通过中央的指令性计划或指导性计划来决定生产什么、如何生产和为谁生产。政府像管理一个大公司那样管理一个国家的经济运行，这是20世纪苏联所采取的经济制度。在生产力不发达的情况下，计划经济有其必然性和优越性，可以集中有限的资源实现既定的经济发展目标。

但在生产力越来越发达以后，管理就会出现困难，漏洞也越来越多，计划经济就无法有效地进行资源配置了。计划经济是政府通过它的资源所有权和实施经济政策的权利来解决基本的经济问题的。按劳分配是计划经济制度条件下个人消费品分配的基本原则，是计划经济制度在分配领域的实现形式。

（2）市场经济制度

市场经济是一种主要由个人和私人企业决定生产和消费的经济制度。市场经济体制包含价格、市场、盈亏、激励等一整套机制，通过市场上价格的调节来决定生产什么、生产多少、如何生产和为谁生产。厂商生产什么产品取决于消费者的需求，如何生产取决于不同生产者之间的竞争。在市场竞争中，生产成本低、效率高的生产方法必然取代成本高、效率低的生产方法。为谁生产是分配问题，市场经济中分配的原则是按劳动要素分配，是按照资金、技术、管理等进行的分配，目的是更好地促进生产力的进一步发展。

市场经济的运转是靠市场价格机制的调节来实现的，从总体上看比计划经济效率高，更有利于经济发展。但市场经济也不是万能的，市场经济制度也存在着缺陷，也存在"市场失灵"的现象。

（3）混合经济制度

当今世界上没有任何一个经济完全属于上述两种极端之一，纯粹的计划经济和市场经济都各有其利弊，所以现实中的经济制度大都是一种混合的经济制度，总是以一种经济制度为主，以另一种经济制度为辅。所谓混合经济制度就是指市场经济与计划经济不同程度地结合在一起的一种资源配置制度，它是既带有市场成分，又有指令或指导成分的经济制度。经济问题的解决既依赖于市场价格机制，又有政府的调控和管制，如对于垄断行为，政府就要干预。在现实中许多国家的经济制度都是市场与计划不同程度结合的混合经济制度。

## 二、管理

### （一）管理的概念

管理的概念从不同的角度和背景，可以有不同的解释。管理的定义是组成管理学理论的基本内容，明晰管理的定义也是理解管理问题和研究管理学最起码的要求。从字面上来看，可以将管理简单地理解为"管辖"和"处理"，即对一定范围内的人员及事物进行安排和处理。从词义上，管理通常被解释为主持或负责某项工作。人们在日常生活中对管理的理解也是这样，也是在这个意义上去应用管理这个词的。自从有集体协作劳动，就开始有了管理活动。在漫长而重复的管理活动中，管理思想逐步形成。

由于管理这一概念有多重含义，有广义的管理和狭义的管理，在不同的时代、不同的社会制度和不同的专业下，对管理的理解也是不同的。生产方式的社会化程度不断提高，人类的认知领域也在不断扩大，人们对管理现象的理解也在逐步提高。长期以来，许多中外学者从不同的研究角度出发，对管理做出了不同的解释，然而，不同学者在研究管理时出发点不同，因此，对管理一词所下的定义也就不同。直到目前为止，管理还没有一个统一的定义。特别是20世纪以来，不同的管理学派持有不同的理论观点，对管理的概念也有不同的看法。

管理包含着以下含义：管理的目的是有效地实现组织的目标；管理的手段是计划、组织、协调、领导、控制和创新等活动；管理的本质是协调，即利用上述手段来协调人力、物力、财力等方面的资源；管理的对象是人力资源、物力资源、财力资源和各项职能活动；管理的性质是人的有目的的社会活动。

### （二）管理的属性

管理的属性是指管理既是科学也是艺术。一个成功的管理者必须具备这两方面的知识。管理的知识体系是一门科学，有明确的概念、范畴和普遍原理、原则等。管理作为实践活动是一门艺术，是管理者在认识客观规律的基础上灵活处理问题的一种创新能力和技巧。管理是科学性与艺术性的统一。

首先，管理是一门科学，它是以反映管理客观规律的管理理论和方法为指导，有一套分析问题、解决问题的科学方法论。管理科学利用严格的方法来收集数据，并对数据进行分类和测量，建立一些假设，然后通过验证这些假设来探索未知的东西，所以说管理科学是一门科学。管理是一门科学，要求人们在社会实践中必须遵循客观规律，运用管理原理与原则，在理论的指导下进行管理工作。管理已形成了一套较为完整的知识体系，完全具备科学的特点，反映了管理过程的客观规律性。如果不承认管理是一门科学，不按照经济规律办事，违反管理的原理与原则，就会遭到规律的惩罚。

其次，管理是一门艺术。艺术没有统一模式，没有最佳模式，必须因人而异，因事而异。管理者要搞好管理工作，必须努力学习科学管理知识，并用以指导管理工作，在实践中不断提高管理水平。管理是合理充分地运用一系列已有知识的一门艺术。管理是艺术的根本原因在于管理最终是管人，没有人就没有管理，但人不是标准统一的零件和机器，人是有思维和感情的，管理必须因人、因事、因时、因地，灵活多变、创造性地去运用管理的技术与方法。世界上没有两个同样的人，世界上也没有两个同样的企业。因此，管理永远具有艺术性。

### （三）管理的两重性

任何社会生产都是在一定的生产关系下进行的。管理，从最基本的意义来看，一是指挥劳动；二是监督劳动。由于生产过程具有两重性，既是物质资料的再生产过程，同时又是生产关系的再生产过程。因此，对生产过程进行的管理也就存在着两重性，一是与生产力、社会化大生产相联系的管理的自然属性；二是与生产关系、社会制度相联系的管理的社会属性。这就是管理的二重性，也是管理的性质。

#### 1. 自然属性

自然属性是管理与生产力、社会化大生产相联系而体现出的性质。由共同劳动的性质所决定，是合理组织生产力的一般职能。这是社会主义和资本主义都相同的，与生产关系、社会制度无关，是我国改革开放后要引进和学习的部分，这部分体现在管理理论、方法与技术方面，是管理学的共性。

#### 2. 社会属性

社会属性是管理与生产关系、社会制度相联系而体现出的性质。由生产关系的性质和社会制度所决定，是维护和完善生产关系的职能，也是社会主义与资本主义的本质区别，是我国坚持有特色社会主义管理的部分，是管理学的个性。

研究管理的二重性，一是有助于正确吸收和借鉴国外先进管理理论和管理方法；二是有助于总结和吸收我国古代管理思想的精华；三是有助于对中国当前管理实践的考察与研究。

### （四）管理的职能

从 18、19 世纪开始，一些经济学家就已经提出了管理的一些职能。如萨伊强调计划职能的重要性，而经济学的集大成者马歇尔也持有这种观点。这一时期，管理职能的提出都是片面的，是针对某一方面的。最早提出管理职能的学者是法国的亨利·法约尔，他认为管理具有计划、组织、指挥、协调和控制五个职能，即"五职能说"。后来又有很多学者提出了"三职能说""四职能说""七职能说""九职能说"等。在法国管理学者法约尔最初提出计划、组织、指挥、协调和控制五项职能的基础上，又有学者认为，人员配备、

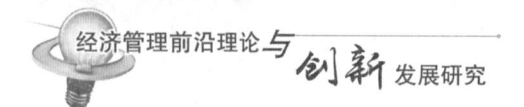

领导激励、创新等也是管理的职能。何道谊在《论管理的职能》一书中依据业务过程把管理分为目标、计划、实行、检验、控制、调整六项基本职能,加之人力、组织、领导三项人的管理方面的职能,系统地将管理分为九大职能。总的来看,管理职能汇总起来大致有计划、组织、指挥、协调、控制、激励、人事、调配资源、沟通、决策、创新等。目前,管理学界最为广泛接受的是将管理分为计划、组织、领导和控制四项基本职能。

### 1. 计划职能

计划就是根据组织内外部环境的要求,来确定组织未来发展目标以及实现目标的方式。计划职能是指安排和规划未来的活动。计划职能是管理的首要职能。在开展一项活动之前,提前设计活动的内容和步骤,包括预测分析环境、制定决策等,计划可以分为制订计划、执行计划和检查计划三个步骤。

### 2. 组织职能

组织职能是指为达到组织目标,对所必需的各种业务活动进行组合分类,授予各类业务主管人员必要职权,加强上下左右工作关系的协调。组织职能包括设置必要的机构、划分各个职能机构的具体职责、确定人员、明确各级领导的责权、制定规章制度等。组织职能中要处理好两层关系,一是管理层次和管理宽度之间的关系,二是正式组织和非正式组织之间的关系。

### 3. 领导职能

领导职能是指在已经确定了组织目标和组织结构的前提下,管理者怎样带领成员实现组织目标。领导职能包括激励成员、对成员的活动进行指导、解决成员的问题等。

### 4. 控制职能

控制职能就是按既定的目标和标准,对组织的各种活动进行监督、检查,及时纠正执行偏差,使工作能按照计划进行,或适当调整计划以确保计划目标的实现。控制是重要的,因为任何组织、任何活动都需要控制,而控制是管理职能中最后的一环。

## (五)管理的重要性

管理活动自古有之。长期以来,人们在不断的实践中认识到管理的重要性。20世纪以来的管理运动和管理热潮取得了令人瞩目的成果,成果之一就是形成了较为完整的管理理论体系。

管理是促进现代社会文明发展的三大支柱之一，它与科学和技术三足鼎立。有学者认为，管理是促成社会经济发展的最基本的关键的因素。发展中国家经济落后，关键是由于管理落后。国外的一些学者认为，19世纪经济学家特别受欢迎，而20世纪40年代以后，则是管理人才的天下了。还有人指出，先进的科学技术与先进的管理是推动现代社会发展的"两个轮子"，二者缺一不可。这些都表明管理在现代社会中占有重要地位。

经济的发展需要依托于丰富的资源和先进的生产技术，但同样需要组织经济的能力，也就是管理能力。从这个层面上来看，管理即为一种资源，是"第三生产力"。

目前，在研究国与国之间的差距时，人们已把着眼点从"技术差距"转到"管理差距"上来。例如，美国与西欧国家之间的管理差距，原因在于美国的经济高于欧洲国家；日本经济的崛起，也正是抓住了技术，尤其是管理。由此可见，先进的技术，要有先进的管理与之相适应，否则落后的管理就不能使先进的技术得到充分发挥。管理在现代社会发展中起着极为重要的作用。美国人自己认定，他们是三分靠技术，七分靠管理，才使他们成为经济强国；日本人自己总结，管理与设备，管理更重要，管理出效率，管理出质量，管理可以提高经济效益。

## 三、经济与管理的关系

经济与管理是相互联系的，所有的经济活动中都含有管理活动，所有的管理活动都是在一定的经济规律指导下进行的。经济与管理都有自己的客观规律，与自然规律一样，在一定的社会历史条件下的经济规律、管理规律，也具有自己的客观性。人们既不能消灭也不能创造与制定这些经济规律、管理规律，任何管理活动都必须遵循经济规律，按照经济规律的要求办事，否则就要受到经济规律的惩罚。

### （一）管理与经济效益

经济利益是推动企业发展和员工发展的动力源泉，经济效益是检验企业管理绩效的重要指标。如何使两者得到兼顾与协调，是经济管理中一个重要问题。

**1. 管理与利益驱动**

经济利益是物质的统称，是指在一定社会经济形式下，人们为了满足需要所获得的社会劳动成果。经济关系能够通过经济利益体现出来，经济利益是人们从事社会生产活动和其他社会活动的物质动因，从根本上说，人们为了获得自己生存需要的物质、文化、生活资料，即物质利益，必须进行管理活动，有效地管理才能实现社会经济利益。在获得物质利益和个人利益的过程中，一个人的管理能力起到主要作用，而个人的素质也是首要条件。在很多情况下，个人利益可以等同于社会利益，但在一些特殊的情况下，不能将二者等同起来。个人利益要服务于社会利益时，或者说需要管理者能够自觉地以社会利益去约束自己的个人利益时，管理者的素质高低将起到关键作用。加强管理者素质教育与培养，不是完全忽视个人利益，而是使管理者了解人们的利益驱动来进行管理，实现个人利益和社会利益的统一。

### 2. 管理与经济效益

经济效益是指经济活动中劳动占用、劳动耗费与劳动成果之间的对比关系。经济效益的高低与管理有很大关系。企业中管理规范，就会在生产同等成果的条件下，减少生产中的劳动占用和劳动耗费；或在劳动占用和劳动耗费相同的条件下，多生产一些劳动成果。

经济效益的高低能够反映出管理水平的优劣。企业的经济效益是衡量企业管理水平的重要尺度。根据实际的市场需求，使用先进的技术，降低生产成本，不断完善企业管理和提高管理水平的企业，一般都会产生好的经济效益。

## （二）经济规律指导下的管理活动

管理和经济在现实中是不可分割的，不讲经济的管理与不讲管理的经济都是令人难以置信的。在我国早期历史上，经济是经邦济世、经国济民的意思，是讲如何理财和如何管理的社会活动，而在西方语言学中，经济一词的出现则是从古希腊"家庭管理"这个词演变而来的，在当时就是管理的意思。

### 1. 经济活动中的管理活动

任何一种经济活动都需要有人去管理，没有管理的经济活动是不存在的。早期色诺芬根据自己亲自经营和管理庄园的经验写成的《经济论》一书，又名《家庭管理》，作者提出了经济与管理的一致性观点。该书首先提出了经济管理的研究对象，即如何让优秀的主人管理好自己的财产，这是确定管理者的问题；该书明确提出了管理的中心任务，即使原来的财富不断得到增值，这是管理目标问题，也是经济研究的核心问题；该书提出对驯服的奴隶给予较好的待遇，认识到管理要因人而异，可以说这是以人为本管理思想的雏形；

该书首次分析了社会分工的重要作用,这是后来管理学上有关组织问题的萌芽。到了 20 世纪二三十年代,在管理理论大发展时期,管理理论广泛地吸收了经济学、人际关系学等方面的知识,从而产生了微观经济意义上的管理和宏观经济意义上的管理。

从某种意义上说,企业经营的状况和变化,都是经济规律制约下一定管理行为的结果。有什么样的管理,就会有什么样的经济状况。一定的经济状况,又反映了管理活动的相应水平,这是经济规律制约下管理活动的普遍规律。在社会主义市场经济条件下,微观经济意义上的厂商管理和家庭管理都是在追求利润或效用最大化,企业要按照自主经营、自负盈亏依靠市场导向进行管理,这种管理水平则直接影响经济实体的经济效益、竞争力和兴衰存亡。宏观经济意义上的管理是指在自觉掌握和运用社会发展、经济发展客观规律的前提下对整个社会以及国民经济的性质、任务、特点、条件等进行估量分析以及科学的预测,制定社会和国民经济的发展方针、计划、目标、政策和制度,确定其发展的根本原则和方法。宏观管理一般包括广义的社会管理、经济管理、信息与发展的管理以及对其各自领域的管理对中观管理和微观管理起引导、指导和向导的作用。如果没有科学的宏观管理,整个经济环境不好,企业的经济活动也无法正常实施。宏观经济意义上的管理最主要体现在国民经济管理上,国民经济管理是广泛运用社会科学、自然科学、技术科学等多学科知识,研究宏观经济运行规律及其管理机制,它主要研究对国民经济进行科学的决策、规划、调控、监督和组织,以保证整个国民经济的有效运行,主要包括消费需求管理、投资需求管理、经济增长调控、产业结构转换与产业组织优化、区域经济管理、涉外经济管理、收入分配调控与社会保障等。

由此可见,在人类历史的长河中,管理活动和经济活动历来就像一对无法分离的亲兄弟,更明白地说,任何一种管理活动都是经济活动中的管理活动。

**2. 管理活动中的经济规律**

在现实经济生活中,任何管理活动都必须遵循客观的社会规律、经济规律和社会心理规律等,其中经济管理活动必须在经济规律的指导下进行。经济规律是指在商品生产、服务和消费等过程中各种复杂的经济联系和现象的规律性。经济规律是经济现象和经济过程内在的、本质的、必然的联系和关系。比如供求规律,就是指市场上的商品价格由商品供求状况来做出决定的规律,供求双方或其中任何 方的变动,都会引起商品价格的变动,这个规律是客观存在的。企业管理者在投资、生产、销售、定价等过程中，就必须掌握和应用经济规律，不能违背，因为经济规律是客观存在的，是不以人们的意志为转移的。尊重经济规律，是每一个管理工作者应有的科学态度，人们可以认识和利用经济规律，但不能无视经济规律，凡是不按照经济规律办事的做法，不管当时的动机如何，最终都不可避免地要受到经济规律的处罚。国内外的很多企业，都曾因此而栽过跟头，付出过惨痛的代价。

### （三）利润最大化目标下的管理活动

#### 1. 利润最大化目标下的企业管理活动

企业是经济研究的对象，也是管理研究的对象，企业是营利性的经济组织，实现利润最大化是每一个企业最重要的经营目标。利润最大化表现为成本既定情况下的产量最大，或产量既定情况下的成本最小。企业追求利润最大化是在管理科学、规范的条件下实现的，企业管理规范、科学，才能获得较高的利润，才能为消费者提供更多更好的商品，才能有能力研制新的产品，才能向国家提供更多的税金，才能使员工得到更多的收入，企业才有可能获得更好的发展，它是企业生存和发展的必要条件。因此，在环境、技术、设备、资金、主业情况基本相同的情况下，管理的科学化将在实现利润最大化的过程中发挥重要作用。企业的科学管理需要做到以下三点。

一是拓宽市场，提高产品的竞争力，根据市场需求组织生产，以获得最大的经济效益。

二是加强经济核算，降低产品的生产成本。利润是产品收益和产品的生产成本之间的差额，产品的生产成本越低，获得的利润越高。

三是发展生产，扩大生产规模。产品的生产成本会受到生产规模的影响，扩大生产规模能够降低生产成本，提高利润。

#### 2. 效用最大化目标下的个人管理活动

消费者每天都涉及管理问题，如一天中时间的管理与分配，手中的钱如何管理才能够升值，消费者每天都要就如何配置稀缺的钱和时间做出无数个选择。当消费者平衡各种各样的需求与欲望时，就是在做出决定自己生活方式的各种选择、决策。消费者是在效用最大化的条件下来做出管理决策的，效用最大化是经济学研究的主要问题，也就是说个人是在效用最大化目标下从事个人理财、时间管理等活动的。

### (四) 不同体制下的管理活动

资源配置和资源利用的运行机制就是经济制度。从历史的角度看，解决资源配置与资源利用的经济制度经历了自然经济制度、计划经济制度、市场经济制度和混合经济制度。任何一种社会经济制度都面临着如何把它既定的相对稀缺的生产资源有效率地分配使用于各种途径的问题，即"生产什么""如何生产"和"为谁生产"的问题。如何配置和利用资源，在不同的经济制度下，有不同的管理方式。从人类发展的历史来看，主要有分散型管理、团队型管理和混合型管理三种。

纵观经济发展史可以看出，个人是经济活动的最初决策者，这些个人对自己物品的管理以及个人所从事的活动，都可以称为分散型管理。分散型管理的优点是管理主体能够对自己的劳动资源进行很好的控制；独立的决策权能够保障决策主体的动力。但分散型管理也有一定的缺点，由于个人能力的限制，决策失误的概率较大；分散型管理势必会加大交易费用，使决策成本增加。

团队型管理是对资源进行配置的另一种极端方式，即"生产什么""如何生产"和"为谁生产"的问题全部由团队讨论决定。与分散型管理相比，团队型管理能够汇集大量的信息，使决策信息更加全面和准确，这是分散型管理不具备的；团队型管理能够集中多个人的智慧，避免个人的主观片面性。但团队型管理的时效差，反复磋商讨论会延误决策时机；团队型管理的人员多，管理成本必然高；团队型管理往往会导致无人负责或推卸责任的情况发生。

在现实生活中，经常见到的是分散型管理与团队型管理相结合的混合型管理。在企业生产经营中，决策权、人权、财权、最终决定权往往要采取团队型管理，而一些执行权、业务权等往往采取分散型管理。

## 第二节 经济管理研究的内容

### 一、经济学研究的基本内容

随着商品经济的发展和社会分工的深化，人类经济管理活动的内容越来越复杂和丰富，专业化程度越来越高，部门分化越来越细；同时，各种经济管理活动之间、经济活动与其他社会活动之间也越来越相互依存、相互渗透。为了适应这种现实经济情况的发展，经济管理的研究范围也愈来愈宽泛，研究的内容也越来越庞杂。

在传统上，理论经济学也叫一般经济理论，可分为宏观经济学和微观经济学两部分。微观经济学主要是分析市场经济中单个经济单位的经济行为，即生产者和消费者的经济行为。宏观经济学主要研究国民经济，分析国民收入、物价水平等总量的决定和变动。微观经济学和宏观经济学紧密相连，宏观经济学是建立在微观经济学的基础上的，二者是个体与整体的关系，是互相补充的，所以要理解宏观经济理论和政策，就必须了解微观经济理论和政策。

### （一）微观经济学

**1. 微观经济学的含义**

微观经济学借助于研究个体经济单位的经济行为，来分析现代西方经济社会市场机制的运行和作用以及改善这种运行的途径。微观经济学将价格分析作为其分析核心。因此，微观经济学也叫作价格理论。

**2. 微观经济学的特点**

微观经济学的核心问题是价格机制如何解决资源配置问题，在理解微观经济学时要注意以下四个特点。

（1）研究的对象

微观经济学研究的对象主体是居民与厂商。居民又称为居民户或家庭，是经济活动中的消费者，同时也是劳动力、资本等要素的提供者。在微观经济学中，假设居民户经济行为的目标是追求效用最大化，即研究居民户在收入既定的条件下，使用既定收入购买商品，购买多少商品能实现最大程度的满足。厂商又称企业，是经济活动中的生产者，同时也是劳动力、资本等要素的消费者。微观经济学中，假设厂商经济行为的目标是追求利润最大化，即研究厂商在成本费用既定的条件下，如何实现产量最大化，或在产量既定的条件下，如何实现成本最小化。

（2）中心理论

价格理论是微观经济学的中心理论。市场经济中，价格被称为"看不见的手"。它能够对生产者和消费者的经济行为进行引导和支配。生产者生产什么产品、如何生产这些产品都由价格决定。价格调节着社会资源的配置，使资源配置更加合理。价格理论是微观经济学的核心内容，决定价格水平的是需求和供给两个因素，需求是消费者行为理论研究的，供给是厂商行为理论研究的，二者就像剪刀的两个刀片共同决定了支点，即均衡价格。

（3）解决的问题

微观经济学解决的问题是资源配置的问题。微观经济学以资源利用为前提条件，来研究居民户和厂商的资源配置问题，从而使资源配置达到最优化，给社会带来最大的福利。

（4）研究方法

微观经济学的研究方法是个量分析。微观经济学研究的都是某种商品的产量、价格等个量的决定、变动和相互间的关系，而不涉及总量的研究。

**3. 微观经济学的内容**

（1）厂商行为理论

厂商行为理论，也叫生产者行为理论，分析厂商怎样在商品生产方面使用有限的稀缺资源，实现利润最大化。厂商行为理论包括生产理论、成本收益理论和市场结构理论。

（2）消费者行为理论

消费者行为理论研究消费者如何把有限的收入分配到各种物品和服务的消费上，以实现效用的最大化，解决生产什么和生产多少的问题。

（3）价格理论

价格理论，也称为均衡价格理论，主要研究商品的价格是如何决定的以及价格如何调节整个经济的运行。

（4）收入分配理论

收入分配理论研究生产出来的产品按照什么原则来分配，也就是研究生产要素的报酬是如何决定的，即工资、利息、地租和利润是如何决定的。解决为谁生产的问题。

（5）市场失灵与政府干预

市场机制不是万能的，主要研究市场失灵产生的原因、解决办法以及政府干预的必要性。

**4. 微观经济学的三个基本假定**

任何一个理论的成立都是有一定前提条件的。微观经济学理论也是以一定的假设作为前提条件的。微观经济学理论中有许多假设条件，以下是三个基本假定条件。

（1）市场出清

市场出清假设是指在充分利用社会资源的情况下，借助于价格波动调节社会资源配置，使市场实现充分就业。出清的市场中不存在定量配给、资源闲置、超额供给和超额需求。

灵活的商品价格能够平衡市场需求和市场供给，使社会资源得到充分利用，消除资源闲置和资源浪费。也就是在价格可以灵活升降的前提下市场能够实现就业供求平衡。

（2）完全理性

微观经济学假定生产者和消费者的经济行为是理性的，消费者为使自己得到满足将自己的收入用于消费，即追求效用最大化。与消费者不同，生产者一般追求利润最大化。

在微观经济学中，消费者和生产者的个体最优化行为往往会发挥关键作用。消费者和生产者的最优化行为能够使社会资源配置实现最优化，完全理性的价格调节是整个社会的资源配置实现最优化的前提。

（3）完全信息

完全信息指市场上每一个从事经济活动的个体（买者和卖者）拥有的对于某种经济环境状态的全部知识。在消费者方面，完全信息是指消费者在对自己想要购买的产品的功能、价格和使用感受完全掌握。

## （二）宏观经济学

### 1. 宏观经济学的含义

宏观经济学是将资源配置作为前提研究国民经济，借助于分析经济中的总体问题和有关经济总量的决定及其变化，揭示怎样充分利用社会资源。总体问题包括失业、通货膨胀、经济波动、利率的变动等。

### 2. 宏观经济学的特点

（1）研究的对象

宏观经济学将国民经济作为研究对象，分析国民经济规律和国民经济的运行方式，对经济问题进行整体分析。它不研究经济中的单个主体，即居民户和厂商的行为，而是研究由居民户和厂商组成的整体。

（2）中心理论

宏观经济学围绕着国民收入的决定这一中心分析资源利用问题，进而分析国民经济的运行。宏观经济学借助于国民收入理论回答通货膨胀、经济波动、经济周期等问题。

（3）解决的问题

宏观经济学解决的问题是资源利用。宏观经济学以资源配置为前提条件来研究资源是充分利用了还是闲置了、通货膨胀对购买力产生的影响、经济增长的途径等宏观经济问题。

（4）研究方法

总量分析是宏观经济学的研究方法。宏观经济学研究个量的总和与平均量的决定、变动及其相互关系，然后借助于总量的变动揭示经济政策的决定理由和国民经济的运行状况。

### 3. 宏观经济学的内容

（1）宏观经济政策理论

宏观经济政策是国家干预经济的具体措施，主要包括政策目标、政策工具和政策效应。

（2）国民收入理论

国民收入是衡量资源利用情况和整个国民经济运行情况的基本指标。国民收入理论是从总供给层面和总需求层面研究国民收入的决定及其变动的，它包括国民收入核算体系和国民收入决定理论。

（3）经济周期与经济增长理论

济周期理论是研究国民收入的短期波动，而经济增长理论则是研究国民收入的长期增长趋势。

（4）失业和通货膨胀理论

宏观经济学从有效需求不足的角度来分析失业，并且把失业与通货膨胀理论联系起来，分析二者的原因、相互关系以及解决途径。

### 4. 宏观经济学的基本假定

（1）市场失灵

完全竞争的市场结构是市场机制发挥作用的前提，但在现实生活中由于公共物品、外部性、垄断和信息不对称等的存在导致市场机制无法达到最优的资源配置。这种假定是政府干预经济的前提。

（2）政府有能力调节经济，矫正市场经济的缺陷

市场失灵只是为政府干预经济提供了前提，但政府究竟能不能解决市场失灵问题，还得看政府有没有这个能力。宏观经济学假设政府有能力调节经济，有能力矫正市场经济的缺陷，并能达到最优化的资源配置。

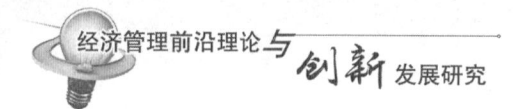

### （三）微观经济学与宏观经济学的关系

微观经济学主要研究消费者和生产者的经济行为，宏观经济学是研究经济运行中的总量，二者之间在研究的对象、解决的问题、中心理论和研究方法上有所区别。虽然微观经济学和宏观经济学在这几个方面有所区别，但它们作为经济学的重要组成部分，二者是相互联系、互为前提、彼此补充的两个分支学科。

首先，微观经济学和宏观经济学互为补充。经济学以实现社会福利最大化为目的。微观经济学和宏观经济学的目的都是借助于指导人们的经济活动使资源配置得到最优化和有效利用，进而实现社会福利最大化。为实现这一目标，要使社会资源得到最优化的配置，又要使社会资源得到充分利用。微观经济学与宏观经济学分别解决资源配置与资源利用问题，从不同方面实现社会福利最大化。因此，微观经济学和宏观经济学是互为补充的。

其次，微观经济学是宏观经济学的基础，宏观经济学是微观经济学的自然扩展。经济状况是个别经济单位的行为的总和。微观经济学主要分析生产者和消费者的经济行为，也就是分析个别经济单位的经济行为；宏观经济学分析整体经济。因此，微观经济学是宏观经济学的基础。经济学家已经对这一点达成了共识，但对于宏观经济学怎样将微观经济学作为基础这一问题，不同学派的经济学家有不同的观点，至今未能达成共识。理性预期学派是现阶段宏观经济学中影响最为广泛的学派，这一学派认为从微观经济学的完全理性和市场出清两个方面实现微观经济学和宏观经济学的统一，但未成功。

再次，微观经济学和宏观经济学都将市场经济制度作为背景。不同的经济体制下运行的不同的经济有不同的规律。经济学要将一定的经济制度作为背景，经济学总离不开一定的经济制度。微观经济学和宏观经济学都属于市场经济体制下的经济学，研究市场经济体制下的经济规律和经济调控。市场经济体制是微观经济学和宏观经济学的共同背景。微观经济学和宏观经济学都是在市场经济的大前提下研究经济问题的。因此，经济学不能适用于计划经济和由计划经济向市场经济转变的转型经济。微观经济学和宏观经济学在研究经济现象和经济问题时要将市场经济体制作为制度背景。

最后，微观经济学和宏观经济学都使用实证分析法，都属于实证经济学。微观经济学和宏观经济学都要揭示经济现象的内在规律，即解决客观经济现象是什么的问题，而不涉及应该是什么的问题。经济学的科学化即为经济学的实证化，使分析的问题脱离价值判断，分析经济现象之间的关系是微观经济学和宏观经济学的共同目的。

## 二、管理学研究的基本内容

### (一)管理学的研究对象

管理学研究的对象包括生产力、生产关系、上层建筑三个方面,具体内容如下所示。

#### 1. 合理组织生产力

合理组织生产力是指怎样对组织中的人力、物力等资源进行合理配置,使生产要素的作用得到充分发挥,以使组织目标和社会目标得到统一。因此,管理学需要研究的问题是如何规划、组织、协调和控制这些资源,以使生产力得到充分的发展。

#### 2. 完善生产关系

完善生产关系是研究怎样处理好组织中人与人的关系,特别是管理者与被管理者之间的关系;研究怎样建立组织机构、怎样使组织机构的设立更加完善,怎样使人员安排和管理体制更加完善;研究怎样提高组织成员的积极性和创造性,怎样使组织成员为实现组织目标而服务。

#### 3. 适时调整上层建筑

适时调整上层建筑主要研究怎样使组织的内部环境适应组织的外部环境;研究组织的规章制度怎样和社会的上层建筑保持一致,怎样制定能够适应市场经济发展秩序的规章制度,以促进生产的发展。

### (二)管理学研究的内容

#### 1. 管理理论的产生和发展

管理理论的产生和发展是管理学的一项研究内容,管理理论与管理思想的形成与发展过程是管理学从理论发展到实践的过程。分析和研究管理理论的产生和发展是为了继承管理理论并使现代管理理论不断发展。研究管理理论的产生和发展能够使我们对管理学的发展历程有更好的理解。

#### 2. 现代管理的一般原理

管理的基本原理是指具有普遍性的基本管理规律。这些管理规律是对管理的实质及其基本运动规律的表述,如制订计划、制定决策、设计组织等。这些活动都要在基本原理的理论上进行,这些基本原理是管理活动都需要遵循的原理。

### 3. 管理方法

对于实现管理目标来说，管理方法必不可少。对于管理学的研究内容来说，管理方法同样是必不可少的部分。通常来讲，能够帮助我们实现管理目标的手段和技术等都属于管理方法。管理方法包括经济方法、行政方法和法律方法等管理技术和手段。

### 4. 管理者及其行为

管理者是管理活动的主体。管理活动的成功与否与管理者有很大关系。管理者的能力素质、领导方式、领导行为等决定着管理活动的成败。

### 5. 分类管理学理论与方法

管理学是一门综合性交叉学科，包含多个学科的理论和方法，同时又与实践活动密切相关。因此，管理学的内容十分复杂。当研究某个部门的管理活动时，往往需要研究企业管理、科技管理、教育管理、卫生事业管理、国际贸易管理、公共行政管理等方面。

## 三、经济管理基础知识研究的内容

现代人为了适应市场经济的需要，应该了解很多经济管理方面的知识以合理地处理日常生活中经常遇到的经济管理问题和工作中所面临的问题。目前，很多人缺乏现代经济管理基础知识，不能很好地解释和处理各种经济管理现象和问题。为了提高我们自身的文化素养，必须掌握以下最基本的经济管理基础知识。

一是市场经济理论，主要了解市场经济、市场机制、市场体系和现代企业制度四个方面的内容。二是宏观经济分析，主要掌握宏观经济分析的各种指标、就业与失业、总需求与总供给、宏观经济政策分析等内容。三是企业管理基础知识，主要了解现代企业经营管理、现代企业生产管理和现代企业战略管理的基础知识。四是市场营销基础知识，主要掌握分析市场营销机会、市场营销管理、制定营销策略等方面的能力。五是货币银行基础知识，主要掌握货币与货币制度、利息与利率、金融市场与金融工具、金融机构体系以及货币供求与均衡等方面的知识。六是会计基础知识，主要掌握会计科目与账户、复式记账原理及其应用、工业企业主要经营过程的核算和成本计算、会计凭证与会计账簿、财产清查与财务会计报告等内容和方法。七是统计基础知识，主要掌握统计设计、统计调查、统计整理的方法和综合指标、统计指数的计算以及相关分析与回归分析等内容。

## 第三节 经济管理中的若干问题

### 一、授权与反授权

所有的管理者,肩上都负有一定的责任,拥有一定的权力。一般说,权利来源于有权授予相应人员权力的机构或个人。但如果一个管理者拥有权力后,不能正确运用,下属不服从其指挥,权力就会丧失其功效。在一个组织中有直线权力、参谋权力与职能权力三种不同性质的权利。这些权力视管理者所处的岗位而拥有。一般来说,在领导者与被领导者之间是直线权力(直接指挥权);凡组织成员或咨询者只具有参谋权;职能权则是指职能部门和个人按职责条例、岗位责任所施行的权力。但任何人的权力都要受到法律、纪律、规章制度和上级的约束。

所谓授权,一般是指上级授予下级的一定权力和责任,使下级在一定的监督下,拥有相应的自主权开展活动。授权可以增强被领导者的责任心,增长其才干,发挥其专长,弥补上级领导者的不足,并减少其事务性工作。但是授权后,往往又会出现一些非正常情况,如被领导者仍然要事事请示领导者,反问领导者应当怎么做,等领导者有了明确指示后他才行动。这种"反问",一般被称为"反授权",即被领导者不能为领导者分担责任,反而增加了很多麻烦。这种情况的出现,可能是用人不当,未用下属之长,遇事他不知道怎么办,不得不请示;也可能是被授权者不愿意承担"自主"的责任,或有非正常情绪,能为而不为,故意给领导者"添麻烦""出难题"。因此,领导者要选好人员,授予其适当的权利。如果作为一个领导者,不会授权不敢授权、用人不当或过度授权,都是不可行的。

### 二、领导与决策

所谓领导,是指带领和指导群众实现共同目标的各种活动过程的总称。领导者,则是担负领导职责、负责领导实施过程的个人和领导集体。在正式组织中,各级领导者均要按照一定的程序选举、任命、聘任,才能成为领导者。按照授权的职责,行使权利和责任。在非正式组织中则主要靠领导者的威望、知识学识、能力去影响自己的追随者。一般来说,领导者的作用,主要是决策作用、指导作用、协调作用和激励作用。在正式组织中,他享有授权范围内的决策权、支配权、强制权、奖惩权。领导者在群众中的形象主要决定于个人品格、才能、知识、情感和工作方法。领导者对下属施以命令、说服参与、指导、授权等，使任务完成。对于不同工作、不同对象，应采取不同的领导方式。

所谓决策，是领导者的主要责任之一，但不是唯一责任。一般来讲，决策是指为了达到某一目的而从若干方案中选择一个较满意方案的分析判断过程。执行决策贯穿于管理的全过程。决策的正确与否，直接关系到组织的生存与发展，也是衡量领导者水平高低的重要标志。有的决策有一定的程序可循，有的则要视具体情况而定。但无论何类决策，都包含着一定的风险，因此领导者在决策过程中就要十分慎重，尽量减少随意性，加强科学性，力求避免风险。

### 三、企业文化与激励

一般来说，一个经济组织在一定的政治、经济、社会背景下，在长期的发展过程中会逐步形成一种日趋稳定的独特的理念和价值观，以及以此为核心而形成的行为规范、道德准则、群体意识、作风、习惯等。这种文化氛围具有导向性、约束性、整体性，并成为奖励的指向。但是企业文化也必然要随着时间的变化而不断进行自我调节，不会是永远一成不变的。所以企业文化都是既有传统性，又有时代性的。如何既保持优良传统，又符合时代精神，就成为一个组织文化的关键问题。

激励和企业文化有密切的联系。因为人是生产力中最重要的因素。激励是为了激发和鼓励人们朝着共同事业所期望的目标而采取的一致行动。激励如果能使一个群体的人们都具有共同的理念、共同的期望和团队精神，就一定能够把工作完成得更好。只有绝大多数人都愿意努力工作，而且有能力把工作做好时，其集体业绩才能更好。组织上根据员工的业绩，在物质和精神上，按照"需要与可能"加以奖励，其未来的工作效率可能更高，业绩会更加显著。但是，奖励需要注意三条基本原则，一是公平；二是及时；三是合理。而且奖品要能在一定程度上满足员工的某种需要，而不是可有可无。

# 第二章　企业的经济与管理

随着经济全球化的不断深入，国际交流与合作日渐增多，加之中国经济体制与结构的不断演变，使中国企业面临的市场环境越来越复杂，企业经济与管理的难度不断加大。如何在当今环境下，推动企业的经济与管理创新，是每一个企业必须面对的现实问题。本章主要阐述企业与现代企业制度、企业的主要经济目标、企业的主要管理活动、企业在经济发展中的作用。

## 第一节　企业与现代企业制度

### 一、企业的含义

企业是从事生产、流通、服务等经济活动的组织，是面向市场、以盈利为目的、自主经营、自负盈亏，独立承担民事责任和民事义务的具有法人资格的经济实体。一个企业应具备三个条件：第一，企业必须要有一定的组织机构，有自己的名称、办公和经营场所、组织章程等；第二，企业应自主经营、独立核算、自负盈亏，具有法人资格；第三，企业是一个经济组织。

### 二、企业的特征

#### （一）自主经营

自主经营是指企业拥有经营的自主权。企业作为市场经济中独立的经营主体和交易主体，在法律允许的范围内，有权决定自己的经营方式、经营方向、经营范围、经营的目标，有权按效益最优化原则配置资源。不同类型的企业都要接受来自政府的不同程度的调节和干预，但政府不能深入企业内部，直接干预企业的合法经营。

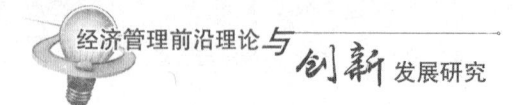

## （二）自负盈亏

自负盈亏是指扣除成本和税收后的盈利归企业所有，亏损由企业负责。只有自负盈亏，企业才能在市场经济活动中保持经营动力。当然，在市场经济国家，国家会对特殊行业中的个别企业给予必要的扶持，但这种扶持是有限的，不会在根本上改变自负盈亏的市场制度。

## （三）自我发展

自我发展，即企业规模的扩展、经营链条的延伸、跨行业甚至跨国经营。企业自我发展取决于企业自身能力，并由企业根据市场状况及其预期的获利空间自主决策。企业的投资资金主要靠自我积累或凭借自身能力或信誉通过直接融资、间接融资等途径获得。企业规模扩张的预算约束是硬性的。

## （四）自我约束

自我约束即企业自觉约束自身的行为。市场经济环境下，企业除要接受相关法律、市场规则等的外部约束外，还要自觉限制自身行为。企业应在成本、风险和收益的比较中，形成自觉约束机制和风险机制。

# 三、企业的使命

## （一）企业目标

企业目标是企业在一定时期内要达到的目的和要求。企业目标可以定性描述也可以定量描述。定性描述一般阐明企业目标的性质和范围，定量描述阐明企业目标的数量和标准。

企业目标按目标体系可分为主要目标和次要目标、长期目标和短期目标、总体目标和局部目标；按具体内容可分为对社会贡献目标、市场目标、利益与发展目标、成本目标、技术能力目标、人员培训目标等；按具体表现可分为产品品种、产量、质量、固定资产规模、市场占有率、利润额、上缴税金和福利基金等方面的目标。

## （二）企业责任

企业责任是指企业在争取自身生存发展的过程中，面对社会的需要和各种社会问题，为维护国家、社会和人们的利益所应该履行的义务。作为一个商品生产者和经营者，企业的义务就是为社会经济的发展提供各种所需要的商品和服务。

企业责任的内容主要包括：企业对员工的责任；企业对社区的责任；企业对生态环境的责任；企业对国家的责任；企业对消费者的责任。

## 四、企业经营目标

企业经营目标是指在一定时期内企业生产经营活动预期要取得的成果，是企业生产经营活动目的性的反映与体现。它是指在既定的所有制关系下，企业作为一个独立的经济实体，在其全部经营活动中所追求的、在客观上制约着企业行为的目标。企业经营目标是企业经营机制构建、创新的目的和方向。一个明确的经营目标应当顺应市场增长的客观要求，与当地国内生产总值和整个行业的增长相适应，应符合有利于企业机制持续、稳定、健康、快速发展的精神，符合企业的经营发展战略。

### （一）经营目标的特点

①整体性。企业经营目标是统一实体构成的整体目标，不能简单地等同于企业经营者的目标，也不能等同于企业职工的目标。

②终极性。企业经营目标是贯穿于企业各种经营活动中、影响企业经营的深层目标，而不是简单的某一阶段上的具体目标。

③客观性。企业经营目标是由企业全部经济关系决定的客观存在，不属于主观范畴。

### （二）经营目标的要求

①经营目标必须是先进的。如果经营目标不具有先进性，那么人们便失去了为之努力的热情，同时也意味着企业资源的浪费，即企业没有很好地把握能够取得更大成就的机会。

②经营目标必须是可实现的。目标的可实现性是目标能够真正起作用的关键。过高的目标会挫伤人们的积极性，影响组织各种功能的发挥。因此，在目标的制定过程中，领导者必须全面分析企业自身的条件与企业所处的外部环境，提出可行的、合理的经营目标。

③经营目标必须是具体化的。目标的具体性是指目标内容必须明确具体。一般来说，目标应尽可能量化，以便控制。

④经营目标必须有明确的时间期限。已经确定的目标必须要限定在一定时间内去实现，即在确定目标的同时必须确定实现目标的具体时间。

## 五、企业经营机制

### （一）决策机制

企业经济的关键在于决策，因此企业应建立良好的决策机制。面对复杂多变的市场，根据市场信号，企业在可以实现经营目标的多重可行方案中进行分析和决策。这一活动存在于企业生产经营的全过程。企业决策的主要内容包括：管理决策、战略决策和业务决策等。决策机制是指企业在充分享有法人财产权的情况下，对企业生产、经营等经济活动做出分析和抉择的机制。企业的决策机制主要包括：决策主体、决策组织、决策方案、决策方式等。

### （二）约束机制

约束机制是一个企业提高效率、增加效益、持续稳定发展的保证。企业只有在搞好激励机制的同时，注重完善约束机制，才能在员工中营造一种学先进、争先进、弘扬正气的氛围，真正调动起员工的工作热情和积极性、创造性。没有约束机制，员工的步调就不会一致，行为准则就不会统一，就不能遏制那些违规违纪、侵害集体利益的行为。

### （三）激励机制

激励机制是企业将其远大理想转变成具体事实的手段。企业应根据当前形势，结合企业的实际情况，深入了解员工的需求，将员工需求反映到政策当中，将物质奖励与精神奖励有机结合，根据不同的员工有所侧重，并通过合理途径来实现。企业只有建立良好激励机制，才能更好地调动员工的工作积极性，充分发挥他们的聪明才干，才能使企业具备充沛的活力，在市场竞争中取得优势。

只有好的约束机制而激励机制却不完善、不落实，企业中的见义勇为、助人为乐、好人好事等会无人闻问。在企业财产和利益遭受损失时，奋不顾身的牺牲精神就不会发扬光大。同时，在企业岗位、薪酬、用人等方面，也应当完善激励机制，鼓励员工学习钻研业务，诚实敬业工作，为企业发展做出贡献。实行竞争上岗，打破那种能上不能下、能进不能出的状态。

### （四）创新机制

企业的创新机制是指企业在生产经营和资本经营的过程中将各种经济要素进行全新组合的机制。对各种要素进行全新组合，必然要做出相应的变革。企业的创新机制是一个经济组织高峰状态的良性运行系统，它能合理配置各种要素，打破陈规陋习，激发企业生机活力，争取超常效益。根据国内外企业创新机制领先者的启示，依据系统组织规律，可将企业创新机制的运行系统分为六大要素，即人才、决策、保障、激励、信息、技术。这六大要素之间有一种瓶颈制约的关系，即当某一要素的创新成为整个系统的薄弱环节，并影响和制约其他要素创新时，其瓶颈作用就凸显出来，成为需要重点创新的要素。

企业构建创新机制必须依托于各级各类权力机关所营造的文化环境、竞争环境和政策环境，政策环境尤其重要，其主要包括人才政策、社会保障政策、决策规则、财政激励政策、风险投资政策、政府采购政策、中介发展政策以及产业政策等；依托于社会性的"技术创新"，特别是体制创新，将为机制创新提供良好的组织结构、激励动因，提供市场体系和法律、行政及社会的制度框架，使机制和技术保持一种主动创新和持续创新的态势。这样看来，各层领导要运用经济杠杆刺激企业开发、应用创新成果的自觉性，要运用软、硬政策引导科研人员成果转化的主动性，要运用法律法规创造良好的环境，要协调投资融资，要确定主管部门的责任和权力等，这些都是十分必要的。

## 六、现代企业制度的内容

### （一）现代企业产权制度

产权制度是对财产权利在经济活动中表现出来的各种权能加以分解和规范的法律制度，它是以产权为依据，对各种经济主体在产权关系中的权利、责任和义务进行合理有效的组合的制度安排。

出资者对其投入企业的资产享有最终所有权，企业对出资者投入企业的资产享有法人财产权。出资者对资产的最终所有权随着它的股东化丧失了使用权、占有权、处置权、收益权等权利，剩下的是作为股东依法享有的参与重大决策权、股权转让权、资产收益、选择管理者等权利。而法人企业则享有对出资者投入资本而形成的资产的占有权、使用权、处置权与收益权。企业作为一个整体，要对出资者负资产保值增值的责任。因此，通过产权制度实现了对所有者和使用者的产权分割和权益界定，使产权明晰化，从而使资源的优化配置得以实现，这也是现代企业制度的核心内容。

### （二）现代企业法人制度

建立现代企业制度，必须完善我国的企业法人制度。法人制度就是通过赋予企业或有关组织在法律上的独立的人格，使其独立承担民事责任、享有民事权利，也包括赋予企业法人地位的各项法律及规定。现代企业法人制度

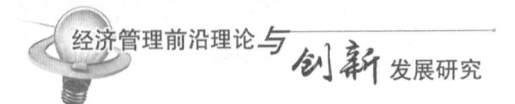

实现了最终所有权与法人财产权的分离，实行现代企业法人制度是企业具有有限责任的前提。

企业法人的设立必须有出资者，且出资者向企业提供不低于法定限额的注册资本，这些资本一旦注入企业，就不能随意撤出企业。企业法人必须有自己的法人财产、组织机构、章程、法定代表人。企业取得了法人资格，就建立了自己独立的信用，可以对外负债，同时要承担债务责任。

### （三）现代企业组织制度

①股东大会。股东大会是企业的最高权力机构，有权选举和罢免董事会和监事会的成员，制定和修改企业政策，审议和批准企业的财务预算、决算、投资、收益等重大事项。

②董事会。董事会是企业的经营决策机构，有权决定企业的生产经营活动，执行股东大会的决议，任免总经理等。

③监事会。监事会是企业的监督机构，对股东大会负责，主要由股东和员工代表按比例组成。

④总经理。总经理负责公司的日常经营管理活动，对公司的生产经营进行领导，并对董事会负责。

现代企业组织制度具有的特征包括集体决策、经理负责执行、独立监督等。这种科学的公司治理结构在股东大会、董事会和经理人员之间形成了责、权、利分明的管理体系。

## 第二节 企业的主要经济目标

### 一、利润最大化

在经济活动中，往往是以利润最大化来分析、评判企业的业绩的，因此，利润最大化就被设定为企业的目标。利润最大化是指企业通过有效地组织生产、销售等活动，使企业在一定时期的利润达到最大化。

利润是企业在一定时期的经营成果，是一定时期内获得的全部收入扣除该时期内耗费的全部成本后的余额。利润在一定程度上反映了企业经济效益的高低，是企业经济效益的重要指标。一个企业不仅要追求一定利润，而且要追求利润最大化。以利润最大化作为企业的目标是在19世纪发展起来的，其越来越被实行市场经济后的国有企业所接受，是具有合理性的。因为，利润代表了企业新创造的财富，它是增加投资者的投资收益、提供职工劳动报酬、增加积累、扩大再生产经营规模的源泉。把追求利润最大化作为企业的目标,可以促进企业加强经济核算、改善管理、改进技术、提高劳动生产率、降低产品成本。这些措施都是有利于企业资金的合理配置,有利于企业经济效益的提高的。

在 19 世纪,当时企业结构的特征是自筹资金、私人财产和单个业主。随着时间的推移,现代企业的环境是以有限责任和经营权与所有权分离为特征,今天的企业是由业主和债权人投资,由职业管理人员负责控制和指挥。此外,还有许多与企业有利害关系的主体,如顾客、雇员、政府及社会。在企业结构发生了如此变化之后,职业经理必须协调所有与企业存在相互关联的主体之间的利害关系。在这种新的企业环境中,继续将利润最大化作为企业的最终目标已经不再现实。利润最大化受到限制,不能满足与企业有关联的利害主体的要求。这些限制主要包括以下几点。

第一,利润最大化往往会使企业在进行决策时有短期行为倾向,只顾实现目前的最大利润,而不顾企业的长远发展,并忽略了企业职工的福利待遇,没有履行应尽的社会责任。

第二,利润最大化目标没有区分不同时期的报酬,没有考虑资金的时间价值。企业投资项目效益的大小,不仅取决于其效益将来值总额的大小,还要受到取得效益的时间长短的制约。因为,早取得效益,就能提早进行下一次的投资,进而提早获得新的效益,利润最大化目标则忽视了这一点。

第三,没有考虑获取利润和所承担风险的大小。企业的利润流具有确定性和不确定性。两个企业的预期收益或许相同,但是如果一个企业较另一个企业各方面波动大得多,那么前者的风险将大一些。如果业主偏于稳健,那么他就宁愿得到较少的但较确定的利润,而不愿得到较大的但不确定性也大的利润。这样,利润最大化目标就不能满足企业业主的最大经济收益的要求。

## 二、资本利润最大化

资本利润最大化是指企业通过有效地组织生产、销售等活动,使企业资本利润最大限度地提高,或以每单位股本获得利润最大限度地增加,它反映的是资本的获利水平。资本利润率是税后净值利润与资本总额的比率,每股盈余是净利润与普通股数的比值。这两个指标把企业实现的利润额同投入的资本成本数比较,能够说明企业的利率,并可以对不同资本规模的企业的盈利水平,或同一企业的不同时期的盈利水平进行比较,揭示其盈利水平的差异,从而为盈利水平较差的企业加强和改进各项管理提供可靠的信息。但该目标存在以下缺陷。

第一,没有考虑风险因素。在市场经济条件下,企业生产经营都存在着一些风险，作为企业的决策者必须要考虑到这些风险，片面追求资金利润率最大化，或每股盈余最大化，往往会忽视市场存在的风险。

第二，没有考虑资金的时间价值。这一目标仅仅反映的是企业资本或每股资本的盈利水平，而没有反映是什么时间内所达到的盈利水平，而实际上不同时间内所达到的盈利水平，其所获得的资金的时间价值是不一样的。

## 三、股东财富最大化

股东财富最大化是指企业通过有效地组织生产、销售等活动，为股东带来更多的财富。在股份制企业中，股东财富最大化由其发行在外的普通股股数和股票市价两个因素决定。当公司发行在外的普通股股数一定时，股票的市价就决定了股东财富的大小。

股东财富最大化目标具有以下优点。

第一，考虑了资金的时间价值。股价的变动，既受当前盈利能力的影响，也会受到预期盈利的影响。只有预期经营良好，获利稳定的企业，其股价才会走高。该目标有利于克服企业的短期经营。

第二，考虑了风险。股价与其风险成正比，股价越高则意味着其面临的风险就越大，获得利润可能遭遇的意外也就越多。股价高低是在综合风险和收益后所得到的社会预期价格。

在股东财富最大化目标的引导下，企业不仅关心投资问题，还关系筹资问题和股利问题。筹资问题主要是考虑充分利用负债效应，保持合理的资本结构。股利问题既要考虑企业的短期利益又要兼顾企业的长期利益，增强企业股票在市场上的竞争力。

但以股价高低作为企业目标将会有以下的局限性。

第一，股东财富最大化目标只适用于上市公司。因为股东持有股票所获得的利润分为股息收益和资本收益，股息收益可以预计，对于不能上市流通的股份，其资本收益就很难预计出来。

第二，过分强调公司股东收益，有可能会忽视或损害其他集团的利益，有可能会影响公司未来的发展，从而影响股东财富最大化目标的实现。

第三，股价的影响因素有很多，其中又有许多不可控因素。将不可控因素纳入企业目标之中缺乏科学性。

## 四、企业价值最大化

现代企业是多边契约关系的总和，股东要承担风险，债权人和职工承担的风险也很大，政府也承担了相当大的风险。因而，企业目标应该与企业多个利益集团有关，是多个利益集团共同作用和相互妥协的结果，只强调一个集团的利益是不合适的。所以，以取得企业长期稳定发展和企业总价值不断增长的企业价值最大化为企业目标，比其他形式的目标更为科学。

企业价值最大化是指企业通过组织生产、销售等活动，充分考虑资金的时间价值和风险与报酬的关系，在保证企业长期稳定发展的基础上，使企业总价值达到最大化。企业价值最大化目标有以下优点。

第一，考虑了资本时间价值和风险因素。企业价值是一种社会预期，是该企业未来获利能力的体现，计算时就要充分考虑资金的时间价值和风险影响。

第二，有利于克服短期行为。该目标着眼于企业未来获利能力，有利于促使企业关注长远发展，而不会为短期利益放弃远期利益。

第三，有利于兼顾企业各利益集团的利益。企业长期稳定发展是各方面因素共同协调发展、共同获益的结果，其中包括投资者、债权人、企业职工和政府部门等。将企业价值最大化作为企业目标，有利于企业在关注自身价值增长的同时，兼顾各个利益集团的利益。

企业价值最大化目标存在的最大困难在于企业价值如何量化。因为企业价值最大化作为企业目标时，必须考虑其可操作性。对于上市公司而言，可根据公司总股数乘以股票市价而定。对于非上市公司而言，企业价值大小可以采用资产评估的方法确定，但用该方法会因评估方法、评估人等不同而可能有很大不同，同时资产评估一般只有产权发生变更时才采用。

一般而言，以企业价值最大化作为企业目标应符合以下要求。

第一，不断提高权益净利率（股份公司为每股盈余）。

第二，保持良好偿债能力，维护债权人利益。

第三，保持资本保值增值，促使企业不断发展，股东财富不断增加。

第四，及时纳税，兼顾生态效益，树立良好的社会形象等。

## 第三节　企业的主要管理活动

### 一、企业经营管理

#### （一）企业经营的思想

企业的经营思想是指贯穿企业经营活动全过程的指导思想，它是由一

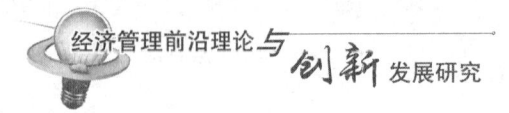

系列观念或观点构成的对企业经营过程中发生的各种关系的认识和态度的总和。具体包括以下六个观念。

### 1. 市场观念

树立市场观念，就是要以市场为导向，不断开发市场需要的产品，满足市场的需要，并创造市场的需求。

### 2. 客户观念

客户是市场与消费者的具体组成部分，满足市场的需求要从研究客户入手，树立"用户至上"的理念。

### 3. 竞争观念

在市场经济条件下，企业时刻面临着竞争，企业要敢于竞争又要善于竞争，要懂得竞争与合作并存，而不是盲目地竞争。

### 4. 创新观念

企业的生命力在于创新能力。创新观念既包括产品创新、服务创新、技术创新，也包括经营理念与方式创新。

### 5. 开发观念

开发观念要求企业经营者善于将企业中的资金、物质资源、人力资源、市场资源、技术资源、信息资源、管理资源等各种资源不断开发并合理利用。

### 6. 效益观念

企业经营的根本目的包括社会效益和经济效益两个方面，也是企业经营的任务所在。企业的社会效益包括以产品或服务满足社会需求、为社会提供就业机会、树立价值典范等；经济效益是指企业经营中产生的利润。

## （二）企业经营管理的职能

### 1. 决策职能

经营管理在一定程度上就是决策，企业在经营管理过程中无时无刻不在进行着决策。决策是为了达到某一特定目标，在详细调查和分析的基础上，借助一定的方法和手段，确定实行方案，并付诸实施的过程。

### 2. 计划职能

计划就是在调查研究和总结经验的基础上，预测未来，以一种合理的、经济的和系统的方式对企业未来的发展目标做出决策，然后把确定的目标进行具体安排，制订长期和短期计划，确定实现计划的措施和方法。

### 3. 协调职能

协调职能是指减少企业经营管理过程中各环节之间不和谐的状态，加强各环节之间的合作，从而协调发展。协调可分为对内协调和对外协调，水平协调和垂直协调。对内协调是指企业内部各部门之间的协调；对外协调是企业与国家、市场与其他单位之间的协调。水平协调是企业内部各部门之间的横向协调；垂直协调是上下级之间的纵向协调。

### 4. 开发职能

有效的经营管理必须善于有效地开发和利用各种资源。企业经营管理中开发职能的重点在于市场的开发、产品的开发、技术的开发、人才的开发等方面。

### 5. 财务职能

企业的经营管理过程始终与财务活动相伴随。财务活动就是资金的筹措、运用。企业各项经营管理活动的计划与决策都离不开对财务因素的考虑，因此财务职能已经逐渐成为合格的管理者应具备的一项基本职能。

### 6. 公关职能

企业是社会经济系统的一个子系统，是进行经济活动的基本单位。企业与社会经济系统的诸多环节保持协调一致的职能便是公关职能。公关职能要求管理者以企业为中心，有意识地进行积极的协调和必要的妥协，使各种利益团体根据各自的立场，对企业的生存与发展给予承认与合作。

## （三）企业经营决策的原则

### 1. 全局性原则

经营决策要有全局观念，必须从社会的整体利益出发，使企业的发展方向与社会需要相一致。

## 2. 整体性原则

企业的决策是多种多样的，为了实现企业的整体目标，从高层决策到基层决策必须在整体方向上一致。

## 3. 可行性原则

可行性原则要求企业经营决策从实际出发，所选方案一定要在市场上、技术上、经济上、社会上、实践上均可行。

## 4. 经济性原则

企业作为一种经济组织，其决策应遵循经济性原则，考虑经济效益。既要考虑企业本身的经济效益，还要考虑社会效益。

### （四）企业经营决策的程序

要做出正确的决策，必须有一个科学的决策程序，它主要分为：提出问题；确定决策目标；搜集资料；拟订多种方案；选择最满意方案；实施方案及反馈六个步骤，每个步骤之间的关系如图 2-1 所示。

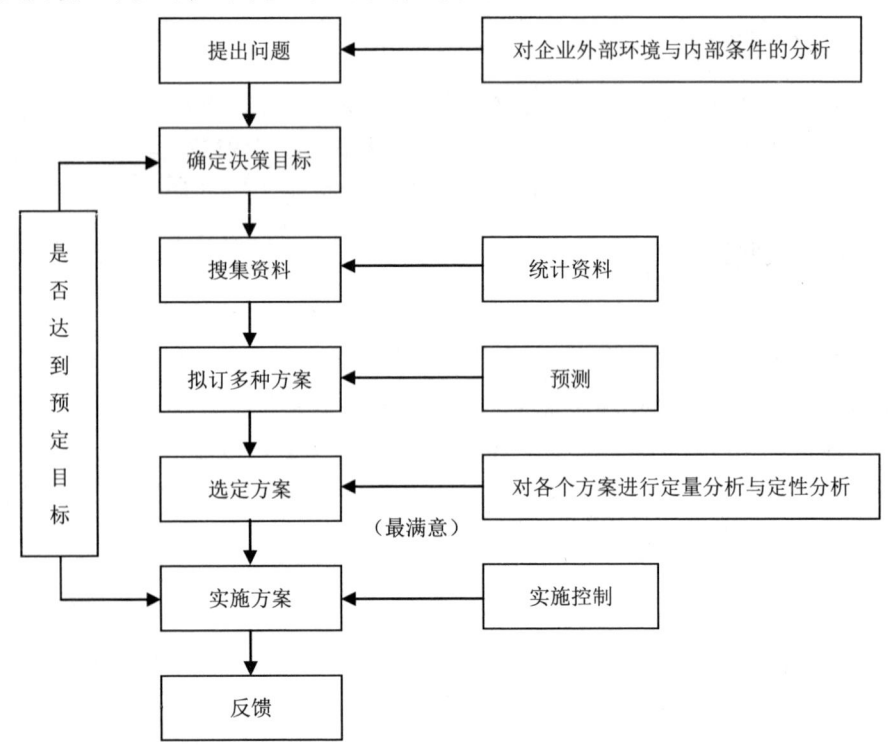

图 2-1　经营决策程序示意图

## （五）企业经营决策的方法

### 1. 确定型决策方法

确定型决策所处理的未来事件的各种自然状态是完全稳定而明确的。线性规划法和盈亏平衡分析法是两种常用的确定型决策方法。

### 2. 风险型决策方法

风险型决策的特点是对问题的未来情况不能事先确定，是随机的，但对未来情况发生的各种可能情况的概率是可知的。根据各种情况的概率和损益值计算得到各方案的期望值，对不同方案的期望值进行比较，期望值大的方案为最优方案。风险型决策可以采用决策表法和决策树法。

决策表法是利用决策矩阵表（又称期望值表），计算各方案的损益期望值并进行比较的一种方法。

决策树是把与决策有关的方案列成树枝形的图表，使管理人员能形象地分析要决策的问题，然后计算出决策树的各个方案的期望值，比较期望值的大小，就能找出较好的方案。

### 3. 非确定型决策方法

非确定型决策的特点是对问题的未来情况不但无法估计其结果，而且也无法确定在各种情况下结果发生的概率，在这种情况下，方案的选择主要取决于决策者的经验、对企业和环境状况的分析判断能力，以及审时度势的胆略。

## 二、企业战略管理

自 1965 年美国著名的管理学家安索夫发表了《企业战略论》以来，企业战略一词被广泛地运用于社会经济生活中的各个领域。从广义上说，企业战略包括了企业的意图、企业的目标、企业的战略、企业的政策。从狭义上说，企业战略仅仅是指企业实现其宗旨和一系列长期目标的基本方法和具体计划。

### （一）企业战略的分类

#### 1. 企业总体战略

企业总体战略决定和揭示了企业目的和目标，企业重大的方针与计划，企业经营业务类型和人文组织类型以及企业应对职工、顾客和社会做出的贡献。总体战略主要是决定企业应该选择哪类经营业务，进入哪些领域。企业总体战略还应包括发展战略、稳定战略和紧缩战略。

### 2. 企业竞争战略

企业竞争战略主要解决企业如何选择其经营的行业和如何选择在行业中的竞争地位问题，包括行业吸引力和企业的竞争地位。行业吸引力和企业的竞争地位都可以改变企业。企业通过选择竞争战略，可以在相当程度上增强或削弱一个行业的吸引力。企业还可以通过竞争战略，增强或削弱自身在行业内的竞争地位。因此，竞争战略不仅是企业对环境做出的反应，还是企业从自身利益角度去改变环境的行为。

企业经营战略除应包括基本竞争战略外，还包括投资战略及其在不同企业行业中的经营战略等。其中基本战略主要涉及如何在所选定的领域内与对手展开有效的竞争，因此，它所研究的主要内容是应该用哪些产品或服务参与哪类市场的竞争等问题。

### 3. 企业职能战略

企业职能战略是为实现企业总体战略和经营战略，对企业内部的各项关键的职能活动做出的统筹安排。企业的职能战略包括财务战略、人力资源战略、研究开发战略、生产战略、营销战略等。职能战略应特别注重不同的职能部门如何更好地为各级战略部门服务，以提高组织效率的问题。

## （二）企业战略定位

战略定位需要考虑的因素很多，如外部环境、内部资源、自身能力以及利益相关方的期望和影响等，由此产生的一系列问题对企业制定未来发展战略至关重要。企业生存在复杂的政治、经济、社会和技术环境中。环境在不断地变化，而且不同的组织所处的环境也不尽相同，有些组织面临着比其他组织更为复杂的环境。管理者在研究环境变量对组织的影响时，必须考虑历史和环境对企业的影响以及环境中各种可变因素未来的或潜在的变化趋势。环境中的可变因素有些会给组织带来机遇，有些会产生威胁，或机遇与威胁并存。

企业的战略能力是由企业资源和能力构成的。正如企业及其战略选择要受到外部因素的影响一样，企业组织的内部因素也会对它们产生影响。有时候企业的特殊资源（如特定的地理位置）可能提供竞争优势，但是能为企业提供真正竞争优势的能力（也被称为核心能力）应是企业的业务活动、专长和技能的组合。核心能力为企业提供了竞争对手难以模仿的优势。

企业的目标也会受到很多因素的影响。实际上，公司治理结构就是一个很重要的因素，它需要回答诸如企业主要应该为谁服务、管理者如何承担相应责任等问题。利益相关方的不同期望也会影响企业的发展目标，并决定哪些发展战略可以被接受。

在企业中，哪一种观点占主导地位将取决于哪一个利益相关方具有最大的权力。尽管资本往往有决定性的话语权，但是有时候资本的权力也会让位于对企业生死存亡起到更大作用的其他因素。理解这一点非常重要，因为它有助于理解企业为什么选择现行战略。

企业文化也影响着企业对战略的选择，这是因为影响环境和资源的因素很有可能被转化后隐含在企业文化的一些假设条件里。此外，如文化对企业战略的影响、管理者和企业该做什么和为什么要做的道德问题等，通常都在目标陈述中得以体现。

现行战略不可能与未来愿景完全匹配，可能需要微调，也可能需要重大调整。这会涉及企业战略定位中的另外一个重要问题，即评估组织所需战略变革的重要性及企业实施战略变革的能力。

总之，管理者考虑企业文化、环境、战略能力、期望和目标等因素，能够为理解企业的战略定位奠定基础。若考虑企业的战略定位，还需要放眼未来，思考企业的现行战略是否能够应对企业环境的变化，是否能够实现具有影响力的利益相关方的期望等。

### （三）企业战略决策

就组织原则而言，企业无论大小，从中小型公司到大型公司，从结构简单的小型企业到结构复杂的大型企业，战略决策都可以分为三个层次，即公司层、战略性业务单位层和运营层。在进行战略决策前，必须首先把企业战略决策的层次和特点搞清楚，择优取舍，以便减少决策失误。

**1. 企业战略决策的层次**

企业组织可以分为三个决策层次，即公司层、战略性业务单位层和运营层。对于一个企业集团或者跨国公司来说，公司层是指整个企业集团或跨国公司的总部，战略性业务单位层是指二级子公司或事业部，运营层则是指基层的作业单位。例如，可口可乐、微软、中国石油、中国石化等巨型公司，它们的总部为公司层，地区分部或二级子公司为战略性业务单位层，基层的公司和运作单位为运营层。这三个决策层次，在愿景和使命等方面必须一致，在同一个战略管理框架内进行思考和行动。

公司层和战略性业务单位层必须严格执行整个公司的战略规划,而运营层则根据公司的战略规划制订并实施具体的战术计划,以保证整个公司战略规划的落实并富有成效。管理者在定义企业的商业模式时,第一步就是确定公司层战略。公司层战略的核心是企业专有的一种商业模式,主要考虑企业发展的长期方向,帮助公司在同对手竞争中获得竞争优势,因而成为整个企业制定目标和计划的基础和依据。中小企业可以把自己的战略决策整体上看作一个层次,即公司层,待企业发展到一定规模后再逐渐过渡到三个层次的战略管理。

**2. 企业战略决策的特点**

在企业战略管理过程中,战略决策起着承前启后、继往开来的枢纽作用,对企业生存和发展将产生重大影响。其特点主要表现在以下四个方面。

(1)在竞争中以获取优势为目的

例如,时代华纳(美国)是互联网时代世界上最大的媒体与娱乐公司之一,与世界各个著名公司合作的密切程度是其他公司所难以逾越的,不仅拥有专业互联网知识,还具有诚实可信、敢于创新、经验丰富、管理手段集中等显著优势。而美国在线公司(AOL)经营范围只限于互联网服务供应这一狭窄领域。为了扩大公司经营范围,2000年,它与时代华纳合并为美国在线时代华纳公司,从此跨进了娱乐行业的中心地带,实现了相关多元化和新的发展目标。

两个公司合并后,前景广阔,既能为互联网服务供应商提供新的"内容",如音乐和电影,也能为内容供应商提供新的分销渠道,还能为音乐行业的销售和分销方式以及艺术家获取报酬的方式提供新的途径,使竞争对手难以模仿,远落其后,从而为音乐行业增加了竞争优势。

2009年,它们又因为进入一个不习惯付费或盗版猖獗的市场以及风险很高的领域等原因而分拆,成为两个独立的公司。它们的合并与分拆都是长期发展方向上重大战略变化的结果,与战略决策目的密切相关。可见,在一定条件下,企业的竞争优势可以通过不同的竞争方式获取,且表现在不同的竞争领域。其中,切合实际的有效的竞争定位是获取竞争优势的重要前提。

(2)以确定企业经营活动范围为首任

企业管理者必须明确选择企业是专业化经营还是多元化经营。对于这一问题的判断,直接影响到管理者如何界定企业的"界限"以及对企业现状和未来的期望,也会影响到有关产品范围和覆盖地域等问题的抉择。

值得注意的是，一个企业组织的资源和经营活动要与其运营环境"匹配协调"。这是一个战略适应问题。所谓战略适应是指设法识别经营环境中企业可以赖以生存的机会，对其配以相应的资源和能力，以充分利用这些机会，在此基础上，制定适宜的发展战略。为了实现这一目的，企业的正确"定位"（如企业现在何处、欲往何处以及如何前往等问题的定性）就显得特别重要。

（3）兼顾战略"适应"和战略"延伸"

战略"适应"是指对环境变化或游戏规则的一种适宜调整。例如，小型公司可能试图通过改变市场"游戏规则"来充分发挥自己的资源和能力优势，而这也是许多网络公司进入现有成熟行业时普遍采用的做法。大型跨国公司则更看重于为那些有发展潜力的业务制定发展战略。

战略"延伸"是指充分利用企业自身资源和能力，创造竞争优势或者产生新的机会。它强调的是在市场存在新契机时，能拥有相应的资源而从中受益，同时能识别创造新的市场机会的现有资源和能力。例如，亚马逊公司原来是一家基于电子商务的网上书店，其生产的第一代 Kindle 于 2007 年发布，用户可以通过无线网络使用 Kindle 购买、下载和阅读电子书、报纸、杂志、博客及其他电子媒体，能在最小化电源消耗情况下提供类似纸张阅读体验，充分利用网上书店的现有资源和能力，将经营范围拓展到书籍销售以外的业务。在战略规划与实施控制中，兼顾战略"适应"和战略"延伸"，使企业的资源和能力更有活力，创造机会或充分利用机会更有实效。

（4）重视战略评价与更新调整

一是当需要对企业中的主要资源做出更改时，必须考虑公司现有资源能力与市场机会的适应程度，以及未来战略发展所需资源的可获得性和可控制性。二是要充分考虑战略决策对营运决策的影响。三是必须兼顾控股股东和有影响力的其他利益相关方（如金融机构、员工、客户、供应商和当地社区等）期望值的评议。

### （四）企业战略选择

公司层考虑的战略问题主要有：公司的战略范围、各项业务之间的关系和公司总部如何为各项业务创造价值等。作为母公司，它可以通过以下三种方式来创造价值：一是通过开发业务单位间的协同效应来创造价值；二是通过资源调配（如财务）来创造价值；三是通过提供某种独特的能力（如市场营销或品牌建设等）来创造价值。

在这里，应该避免出现的一种现象，即公司层的价值不但没有得到体现，还成为公司的一种成本负担。解决这一问题可以有多种方式，如在中国的联

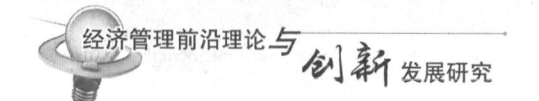

想公司总部，仅作为一个很精干的公司战略中心，指导位于美国纽约的公司运营部和各地业务部门和运营单位，按照市场关系来协调经营，取得较高的经营实效。

同样，企业也面临着如何在业务单位层中开展竞争的战略选择。这就需要在了解市场和客户的基础上，识别企业所具有的竞争条件和特殊能力。例如，美国在线时代华纳公司，通过对各个业务单位竞争优势和特殊能力的识别，决定是否需要利用合并所带来的低成本优势降低各项业务（如音乐、有线电视、互联网服务等）的价格，或是通过投资一些新的服务（如互动电视等）为自己创造差异化优势，使竞争对手无法涉及，或者两种方法兼顾使用等。

随着时间的推移和环境等因素的变化，未来的战略选择可能向不同的方向发展。例如，苹果公司致力于笔记本电脑和手机两个业务的发展，但是，在三星这样强大的多元化公司的竞争压力下，是否需要向其他的领域发展以及介入新的行业，都是高层管理者需要考虑的问题。相反，如戴尔和联想，可能倾向于在某一专业领域内发展，以寻求在该领域内增加市场份额、进一步提升产品性能，并进入新的市场。美国在线却同时采用了以上两种方法来促进企业发展。

由于市场状况和各自的特点差异，企业也面临着不同战略方法的选择。时代华纳所采用的方法是合并或收购，而不是内部自我发展或战略联盟。在过去，后两种方法往往是大多数企业所普遍采用的。战略发展方向和方法的选择非常重要，需要决策者仔细考虑。

事实上，在制定战略过程中，一个潜在的危险是管理者只考虑显而易见的行动方案，而对那些习以为常、关系微妙的方案重视不够。事实证明，显而易见的方案往往不是最好的方案。这要看其符合实际情况的程度和评判标准如何。其评判标准主要有三个：一是战略的适宜性，是否解决了企业的战略定位问题；二是战略的可行性，是否具备实施战略所需的资源和能力；三是企业的利益相关方对战略的接受程度，是否符合各方的共同利益并被理解。

### （五）企业战略管理过程

战略是对重大问题的对策结果，是企业将要采取的重要行动方案。战略管理则是决定企业将采取何种战略的决策过程，它还涉及如何对所选战略进行评价和实施。也就是说，企业战略管理包括战略制定、评价和实施的全过程。

战略管理过程的基本思路是：企业领导者根据企业的战略目标，分析企业生产经营活动的内外部环境，发现经营机会和风险，评估企业内部的条件，认清企业及其竞争对手的优势和劣势。在此基础上为企业选择一个适宜的战略。管理人员要尽可能多地列出可供选择的战略方案。设计战略方案是进行战略决策的重要环节，在此基础上依据一定的标准对各个方案进行评估，以决定哪一种方案最有助于实现企业的目标，做出决策。战略实施就是要将备选战略转化为行动方案，根据战略计划，科学调整企业结构和分配管理工作，合理配置企业资源，通过计划、预算等形式实施既定战略。在战略执行过程中，企业管理人员要对战略的实施成果进行评价，还要根据实施过程中出现的变化，及时修改原有战略或制定新战略。战略管理是一个不断发展的整体性管理过程。

综上所述，战略管理过程是指对一个组织的未来发展方向制定决策并实施这些决策。战略管理过程大致可以分为两个阶段：战略分析与选择，即战略规划阶段和战略实施与评估阶段。

**1. 战略规划阶段**

①确定组织使命。
②制定企业的战略目标，提出企业的组织方针。
③制定实现组织使命的长期目标和短期目标。
④选择决定用于实现企业战略目标的具体战略方案。
⑤分析与评价企业内外部战略环境。

**2. 战略实施与评估阶段**

①建立实现组织战略的组织结构。
②确保实施战略所必需的活动能有效地进行。
③监控战略在实施过程中的有效性。
④评估战略。

## 三、企业生产管理

### （一）生产管理

**1. 生产环境**

用户的需求是生产环境中最重要的影响因素。企业若不提供产品，或者所提供的产品品种、质量或其他问题不为消费者所接受，企业就不能满足消费者的需求，不会得到社会的认可。因此，企业生产管理的结果应是其所生

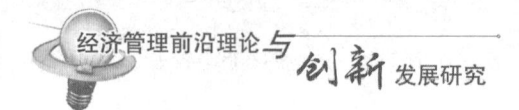

产的产品必须能够满足市场需求。

### 2.生产过程

(1) 生产过程的空间组织

生产过程的空间组织主要是研究企业内部各生产阶段和各生产单位的设置及运输路线的布局问题，即厂房、车间和设备的布局设置。企业内部基本生产单位的设备布置，通常有工艺专业化设备布置、对象专业化设备布置和混合式设备布置三种基本形式。

①工艺专业化。工艺专业化也叫工艺原则。它是按照生产过程的工艺特点来设置生产单位形式的。在工艺专业化的生产单位内，配置同种类型的生产设备和同工种的工人，对企业生产的各种产品零件进行相同工艺方法的加工。每一个生产单位只完成产品生产过程中部分的工艺阶段或工艺加工工序，不能独立地生产产品。

②对象专业化。对象专业化也叫对象原则。它是按照产品零件、部件的不同来设置生产单位的形式。在对象专业化的生产单位里，配置了为制造某种产品所需的各种不同类型的设备和不同工种的工人，对其所负责的产品进行不同工艺方法的加工。其工艺过程基本上是封闭的，能独立地生产产品、零件、部件，如汽车制造厂的发动机车间等。

③混合形式。混合形式也叫混合原则、综合原则。它是把工艺专业化和对象专业化结合起来设置生产单位形式的。它有两种组织方法：一种是在对象专业化的基础上，适当采用工艺专业化形式；另一种是在工艺专业化的基础上，适当采用对象专业化形式。这种形式灵活机动，综合了工艺专业化和对象专业化的特点。因此，许多生产单位都是采用这种形式来设置的。

(2) 生产过程的时间组织

生产过程组织在时间上要求生产单位之间、各工序之间能够相互配合、紧密衔接，保证充分利用设备和工时，尽量提高生产过程的连续性，缩短产品生产周期。如果同时制造一批相同的产品，各工序在时间上的衔接方式有以下三种。

①顺序移动方式。一批零件在前工序全部加工完成以后，才整批地运送到下道工序加工。

②平行移动方式。在一批在制品中，每一个零件在上一道工序加工完毕后，立即转移到下道工序继续加工，形成各个零件在各道工序上平行地进行加工作业的方式。

③平行顺序移动方式。这是将前两种移动方式结合起来，取其优点，避

其缺点的方式。零件在工序之间移动有两种情况：一是当前道工序的单件作业时间大于后道工序的单件作业时间时，则前道工序完工的零件并不立即转移到后道工序，而是积存到一定的数量，足以保证后道工序能够连续加工时，才将完工零件转移到后道工序去。二是当前道工序的单件作业时间比后道工序的单件作业时间短或相等时，则前道工序上完工的每一个零件应立即转移到后道工序去加工。

### 3. 生产方式

企业的生产方式一般按专业化程度和工作地专业化程度可划分为大批量生产、成批生产和单件生产。

①大批量生产的特点是生产同一种产品的产量大，产品品种少，生产条件稳定，经常重复生产同种产品，工作地固定加工一道或几道工序，专业化程度高。

②成批生产的特点是产品品种较多，各种产品的数量不等，生产条件比较稳定，每个工作地要负担较多的工序，各种产品成批轮番生产，工作地专业化程度比大量生产要低。

③单件生产类型的特点是产品品种很多，每种产品只生产单件或少数几件之后不再重复或虽有重复但不定期，生产条件很不稳定，工作地专业化程度很低。

## （二）质量管理

产品质量的形成不是市场部门宣传出来的，也不是生产部门生产出来的，更不是依靠检验部门检验出来的，而是对产品实现全过程质量管理的结果，这一过程的每个环节都直接影响到产品的质量。

质量环也叫质量螺旋，最早由朱兰博士提出，代表性的质量环包括以下13个阶段：市场调研；开发；设计；制定产品规格；制定工艺；采购；仪器仪表配置；生产；工序控制；检验；测试；销售；售后服务。

全面质量管理的原理是基于对质量形成全过程，即质量环的控制。全面质量管理创始人费根堡姆博士认为，全面质量管理是为了能够在最经济的水平上，兼顾顾客要求，将企业内部的研制质量、维持质量和提供质量的活动构成一个有效体系。

在推行全面质量管理时，要求做到"三全一多"，即全面的质量管理、全过程的质量管理、全员参加的质量管理所采用的方法是科学的、多种多样的。

①全面的质量，是包括产品质量、服务质量和工作质量在内的广义质量。

②全过程，即不限于生产过程，还包括从市场调研到售后服务等质量环中所包含的各环节。

③全员参加，即全体企业职工都要参加。

④多方法，全面质量管理是集不同现代管理科学和工程技术为一体的先进科学管理体系，借鉴了所有先进管理思想和技术方法。

### （三）设备管理

#### 1. 设备的选购

设备的选购是设备管理的首要环节，是指新设备从企业外部经过选择、购买、运输、安装、调试进入企业的生产过程。设备选购的程序主要有三步。

①广泛收集设备的市场信息，对其中可供选择的设备进行详细考察，全面掌握有关数据资料。

②通过技术经济论证，从中选择最优方案。

③按最优方案购置设备。

#### 2. 设备的使用

设备的使用是设备的整个寿命周期中的一个重要阶段，它所经历的时间最长。设备在整个寿命周期中发挥的作用如何，不仅取决于设备本身的性能，也取决于人们如何使用设备。设备的使用应遵循以下几点。

①根据设备的性能、技术和经济特点，合理安排工作负荷。

②为设备配备具有相当熟练程度和技术水平的操作者。操作者应熟悉并掌握设备的性能、结构、工艺加工范围和维护保养技术，做到"三好""四会"（用好、管好、保养好；会使用、会保养、会检查、会排除故障）。

③制定并严格执行设备使用与维护方面的规章制度。设备使用与维护的规章制度是指导工人操作和保养设备的技术文件，如设备的操作规程、设备的润滑规程等。

④为设备创造良好的工作条件。根据设备使用与维护的要求，搞好文明生产，保持设备本身和工作环境的整洁；根据设备的需要，安装防护、防潮、防尘、防腐、防震、保暖、降温等装置。同时，对于相互干扰影响的设备，在布置时，要做出合理布局，并采取隔离措施

⑤经常对员工进行正确使用与爱护设备的宣传教育。

### 3. 设备的维护

设备的维护保养是设备自身运行的客观要求，其目的是及时地处理设备在运行中由于技术状态的发展变化而引起的大量、常见的问题，随时改善设备的使用状态，保证设备正常运行。设备的维护保养工作，依据工作量大小、难易程度，可划分为以下几类。

①例行保养，又称日常保养。它的保养项目和部位较少，大多数在设备的外部，由操作工承担，在交接班时作为检查内容。

②一级保养。它的保养内容项目较多，由设备外部进入设备内部。它是在专职检修人员的指导配合下由操作人员承担，定期进行的。

③二级保养。它的保养项目和部位最多，主要在设备内部。它是由专职检修人员承担，操作人员协助，定期进行的。

设备检查是对设备的运行状况、工作精度、磨损或腐蚀情况进行检查和校验，并及时消除隐患。设备检查分类：按间隔时间不同，可分为日常检查和定期检查；按技术功能不同，可分为机能检查和精度检查。

设备修理是指修复由于正常原因和不正常原因而造成的设备损坏，更换已磨损、腐蚀的零部件，从而使设备的效能得到恢复。根据修理内容、要求和工作量大小的不同，通常分为小修、中修和大修。

### 4. 设备的更新

设备的更新改造时间不仅取决于设备自身的磨损，也取决于科学技术的发展，还取决于经济上的考虑，因此设备更新期的确定应从这三个因素去分析评价。

设备更新期决策可采用追踪测算法和经济寿命法。追踪测算法是指通过追踪测算每次大修理的实际费用和当时的设备残值，并与新设备价值进行比较来确定更新周期。经济寿命法是指通过计算设备的经济寿命来确定设备的更新期。设备经济寿命计算的依据是设备的年运行费用，包括设备的平均折旧费用、营运费用和维修费用。

设备改造也有利于推动企业技术发展，提高企业的生产效率。随着时间的推移，设备会产生一定磨损，降低使用价值。如果长期不更新设备，生产技术逐渐落后，生产效率就会降低，设备会产生折旧。因此，企业应改造原有设备，提高原有设备的效率，使原有设备尽可能达到新型设备的水平。设备改造比设备更新所需费用少，适应性强。

## 第四节　企业在经济发展中的作用

### 一、促进经济发展

企业的大量存在是经济发展的必然结果，是保持市场活力、维持经济运行、保障充分就业、保证正常价格的重要条件。无论在发达国家还是发展中国家，企业都是促进经济增长的重要组成部分。加快企业发展，能为我国经济长久稳定发展奠定坚实的基础。

企业是我国国民经济的重要组成部分，是国民经济发展中的重要力量。作为市场竞争机制的参与者，企业可以说是经济发展的基本动力，反映了经济多样化、分散化的内在要求。企业分布在国民经济的各个领域，对国民经济发展起到了补充和辅助的作用。

### 二、扩大社会就业

当前各国都把就业作为宏观经济的主要目标。只有实现充分就业，才能为经济发展创造一个有序的环境，才能保持社会基本稳定。企业是增加就业的基本场所，是维持社会稳定的重要基础。企业具有面广量大、经营灵活、竞争激烈等特点，能创造大量的就业机会。

就业问题始终是制约我国经济发展和社会稳定的一个重要因素。我国人口众多，工业化发展水平较低，属于发展中国家。解决好劳动力就业问题是实现国家长治久安的根本保障。因此，形成企业在国民经济中的合理地位，有利于矫正现行的就业结构和产值结构的偏差，促进资源的合理配置，充分发挥我国人力资源数量多的特点，以此缓解就业压力。

中小企业是社会就业的主要承担者。随着现在企业的优化重组，大企业难以提供大量新的就业岗位，且会有很多下岗人员和失业人员。因此，需要靠中小企业来解决这批人员的就业或再就业问题。推动中小企业的稳定发展，建立一支庞大的产业队伍，有利于缓解我国经济增长方式转变与扩大就业之间的矛盾，推动整个社会的政治、经济、文化的发展。

### 三、促进地方发展

乡镇企业是增加地方财政收入，推动农村经济发展的重要财源。农村问题是我国经济发展中的重要问题，促进农村和农业发展对我国具有重要意义。乡镇企业能吸纳大量农村劳动力，将分散的农户集中起来实现大规模生产，这推动了我国农村城镇化进行，有利于社会稳定。农村城镇化、工业化是任何一个现代化国家在发展过程中不可逾越的历史阶段。从西方发达国家来看，城镇化和工业化都离不开乡镇企业的推动。

## 四、推动科技创新

企业是科技创新的重要源泉，是国家科技进步的重要载体，是使科技尽快转化成生产力的重要推动力。当前我国企业正呈现出从传统劳动密集型向知识和技术密集型发展的趋势。企业经济较为灵活高效，能较快地把科学技术转换为现实生产力。尤其是我国的高新技术企业，在科技创新等方面的意识强、行动快、效果好，是名副其实的科技创新主力军。

改革开放以来的实践表明，哪个地区的中小企业发展快，哪个地区的市场就相对活跃。这是因为中小企业在创新中起到重要作用。充分利用中小企业灵活善变的优势，能对活跃市场起到事半功倍的效果。中小企业在经济改革中起到"试验田"的作用。中小企业改革成本低、运行简单、见效快、社会震动小，诸如兼并、租赁、承包、拍卖等企业改革的经验，往往是中小企业试行取得成效后，再逐步向大型企业推广的。因此，要重视中小企业的科技创新。

# 第三章 经济管理的前沿理论

经济管理与我们的生活密切相关。探析经济管理的前沿理论，厘清经济管理的相关内容，为我们更清晰地了解经济管理奠定良好的基础。本章重点论述不同的经济管理理论的观点、经济管理思想的演变、经济管理的性质与原则、经济管理的原则与方法、经济管理的效益与评价这几方面的内容。

## 第一节 管理理论前沿

### 一、核心能力理论

#### （一）核心能力的构成要素

企业的核心能力所包含的内容既丰富又复杂，所涉及的内容较为广泛，主要包括以下三个方面。

**1. 研究与开发能力**

应用研究是为了获得新知识而进行的创造性研究，它主要针对某一特定的实际应用目的，可以连接基础研究和技术开发。技术开发是指利用从研究与实际经验中获得的现有知识或从外部引进的技术与知识，为生产新的材料、产品，建立新的工艺系统而进行实质性的改进工作。

**2. 创新能力**

社会在不断地进步中，企业想要保持发展与竞争的优势，就需要不断创新。创新就是根据市场变化，在企业原有的基础上，不断优化资源配置，重新整合人才，寻找不足之处，不断改进，以更加贴合市场需求，进而实现企业的初级目标，使企业的产品、技术、管理不断创新。企业创新的主体是生产一线的管理层、技术层、中间管理层。

创新能力作为创新主体在生产经营活动中，善于敏锐地察觉旧事物的缺陷，准确地捕捉新事物的萌芽，提出相关的推测与设想，再进行进一步的论证，并准确地实施。创新能力与创新主体的知识素养、思想意识、心理特点以及社会环境具有紧密的联系。

3. 转换能力

将创新意识与创新技术转换为可实行的工作方案或者产品，创新研究与开发才是有价值的。转换能力作为企业技术能力管理的重要因素，转换的过程也就是创新的进一步深化。创新只有转换为实际效益才是真正意义上的创新。转换能力在实际应用中的技能表现，如下所示。

第一，综合。将各种技术、方法等综合起来，形成一个可实施的综合方案。

第二，移植。将其他领域的方法移植到本企业的管理与技术创新中。

第三，改造。对现有的技术、方法、设备进行改造。

第四，重组。对现有的方法、过程、技巧，根据企业的现实情况以及社会的需求，进行重新改造，不断优化。

由于客观世界无时无刻不在发生变化，企业的决策者需要根据这些变化来做出及时的判断，还需要有敏锐的感应能力，这样才可以根据各种客观条件的变化做出适当的调整。

（二）核心能力的基本特征

1. 技术经济性

企业核心能力既包括技术因素又包括经济因素。单纯的发明创造只是停留在技术性的层面上，只有将发明创造应用于生产，转化为现实生产力，产出一定的经济效益或者社会效益，这才是企业的技术能力。

2. 非均衡性

承认核心能力的渐进性，并不否定其革命性。创新和研发能力是核心能力的本质体现，而创新和研发过程是充满风险和不确定性的。在这一过程中既有继承性的技术渐进发展，又有突变性的技术革命。正是这种革命性才使企业的竞争既充满成功的机遇与希望，又具有失败的压力与风险，正是这种革命性推动着经济的发展和飞跃。

### 3. 整体性

不能只是依靠一种能力或者一项技术就来判断企业的实力，而应兼顾企业的技术水平、设计能力、生产能力、经济实力等的综合能力的表现。不只是技术因素，它还与企业的文化建设、员工的知识素养等非技术因素有关。换句话说，核心能力就是企业的综合能力。核心能力一旦形成，竞争对手在短时间之内是很难模仿的。

### 4. 动态性

企业的核心能力并不是一成不变的，需要根据时代的发展要求，不断强化自己的核心能力，企业的核心能力若只是固守在一个阶段或者是依靠一种技术，那么它的优势也会随着时间慢慢丧失。只有与时代的发展相一致，与科技的进步相一致，这样才可以保持企业的优势。

### 5. 渐进性

一些非关键性技术或者通用技术是可以在市场通过购买获得的，企业的技术能力是无法通过金钱购买的。企业的核心技术也不会在一朝一夕就能形成，而是长时间的知识技术的积累与经验的获得。

## （三）影响核心能力形成的要素

①企业文化与企业的凝聚力。
②企业决策者的素质与能力，企业员工的知识素养。
③企业的经济资本。
④企业创新机制。
⑤企业的技术力量。

## （四）核心能力评价

核心能力作为企业综合素质的重要体现，会根据企业的性质不同，制定的衡量标准也不相同。因此，想要全面评价企业的核心能力，并不容易。只能说做到相对的客观与公正，结合定量与定性这两方面的评价标准，力求公正、客观、科学地评价企业的核心能力，主要指标如下所示。

①企业专利成果发明数量。该指标主要反映企业研究开发能力的效果和科技水平领先程度，也综合说明了企业技术能力的强弱。

②企业拥有的核心的科技员工的数量。作为企业科技力量的体现，所拥有的科技员工越多，就说明企业的科技力量越强大。

③企业产品占有市场份额的多少。该指标反映了企业产品的市场渗透能力。

④企业在消费者中的满意度。消费者作为企业经济效益的直接决定者，消费者满意，就会为企业带来更多的利益。

⑤企业产品的相关技术的更新速度。作为企业的核心竞争力，更新的速度越快，产品与技术的竞争力也就越大。

⑥企业适应市场的能力。市场消费需求变化日新月异，企业必须要有适应市场的能力，这样才能及时推出适合的产品。

⑦企业要有与自己技术相关的衍生产品。

通过对上述因素的分析，核心竞争理论作为管理理论中的重要组成部分，在选择哪些因素可以成为核心竞争力的同时，还需要关注核心竞争力的创新研究。想要培养核心竞争力，就需要重视产业的预判能力。企业需要根据员工的需求、社会的发展趋势以及技术的更新方向，合理地构想出市场对未来企业的需求与定位，培养出新的核心竞争力，使企业拥有竞争的优势，不被时代所抛弃。

## 二、知识管理理论

### （一）知识管理概述

#### 1. 知识管理的定义

知识管理简单地说就是以知识为核心的管理。具体讲就是通过确认和利用已有的和获取的知识资产，对各种知识进行的连续的管理过程，以满足现有和未来的开拓新市场机会的需要。知识管理的出发点是把知识视为最重要的资源，最大限度地掌握和利用知识作为提高企业竞争力的关键。

#### 2. 知识管理涉及的方面

知识管理要求员工可以分享他们所拥有的知识，并且对可以做到的员工给予鼓励。知识管理主要涉及以下几方面。

①技术方面。

②过程方面。

③员工方面。

④组织结构与企业文化方面。

⑤评价方面。

## （二）知识管理的基本职能

### 1. 外化

外化首先包括一个强大的搜索、过滤与集成工具，从组织的外部知识与内部知识中捕获对企业现在和未来发展有用的各种知识；其次是外部贮藏库，它把搜索工具搜索到的知识根据分类框架或标准来组织它们并存储起来；再次是一个文件管理系统，它对贮存的知识进行分类，并能识别出各信息资源之间的相似之处。基于此，可用聚类的方法找出公司知识库中各知识结构间隐含的关系或联系。最后，外化的作用是通过内化或中介使知识寻求者能够得到所捕获搜集到的知识。

### 2. 内化

内化知识通过各种各样的方法发现与特定消费者的需求相关的知识结构。在内化的过程中，需要对知识进行过滤，来进一步确定相关的知识，并将这些知识传递给需要的人。

内化可以帮助研究者就特定的问题进行沟通。在内化的高端应用软件中，提取的知识可以最适合的方式来进行重新布局或呈现。文本可以被简化为关键数据元素，并以一系列图表或原始来源的摘要方式呈现出来，以此来节约知识使用者的时间，提高使用知识的效率。

### 3. 中介

内化的过程注重明确、固定的知识传送。中介就是针对一些没有编码存储于知识库的知识，将知识寻求者与最佳知识源相匹配。通过对个体的深度挖掘，中介可以将需要研究的特定课题的人或者与之相关的人聚集在一起。

### 4. 认知

认知是上述三项职能交换之后得出的知识的运用，也是知识管理的最终目标。现有技术水平很少能实现认知过程的自动化，大部分都是专家系统或利用人工知识智能技术，并据此做出的决策。

## （三）知识经济时代企业管理的模式

企业想要在知识经济时代站稳脚跟，就需要适应知识经济时代的发展，制定合理的企业管理模式，注重在管理上的创新，主要体现在以下几个方面。

①注重知识的作用，实现智力资本的管理。
②重视全球化的作用，增强现代意识管理。
③重视竞争的作用，实现人才的激励管理。
④注重生态意识，实现生态营销。
⑤注重技术的更新与升级。

## 三、人本管理理论

### （一）人本管理的内涵

人本管理是管理学中的重要组成部分，这项理论的提出已经有一段时间，只是尚未形成统一的认识。不管是中国的古代文化，还是西方的各个管理学派，对于人本管理的认识都是各执一词，但是他们的观点对人本管理的发展具有重要的影响，不断丰富着人本管理的内涵。

### （二）人本管理模式

#### 1. 生涯管理模式

作为人力资源管理内容的生涯管理，向人们昭示体现真正意义的人本管理模式的出现。生涯管理可以从两个方面去理解。从组织层面，可以理解为：企业从组织目标和员工能力、兴趣出发，与员工共同制订和实施的一个符合企业组织需要的个人成长与发展计划（此时多称为生涯管理）；从个人层面，可以理解为：员工为寻求个人的发展，而与组织共同制订和实施的既使个人得到充分发展又能使企业组织目标得到实现的个人发展计划。生涯管理是在人类社会发展到一定阶段出现的一种全新的管理理念和管理模式。

第一，它是劳动者工作动机高层化与多样化的结果。由于社会经济的不断进步，人们的收入水平也有所提升，获取经济收入只是人们参与就业的目标之一。人们在参与生产劳动的过程中，同样希望丰富自己的社会经验，增加社会交往，提升自己的社会地位。他们也希望获得更多的权利，参与到管理的过程中，有更多的机会展示自己，提升自己。

第二，脑力劳动逐渐取代体力劳动，传统的过程管理模式已经不再适用于现代的经济发展，管理的效果也并不能使大多数人满意，生涯管理的方式更符合现代企业的要求。

第三，在市场经济条件下，企业的竞争压力越来越大。适应市场经济变化，更新产品的功能与品牌形象，需要企业员工能力的进一步加强，还需要企业优化员工的配置。

第四，员工希望组织可以照顾到个人的素质和兴趣特点甚至系统的素质开发与配置，为自己以后的成长与发展奠定良好的基础，这样才有可能实现人的多重发展。

传统的人事管理必须要做出一定的改变才可以适应社会的发展要求。生涯管理消除了传统人事管理的弊端，将人力资源的各项内容有机地整合在一起，使人员配置得到进一步优化，从而调动员工的积极性。生涯管理这种模式可以说是人本管理最好的体现模式。

**2. 能本管理模式**

管理理念是支撑组织发展的核心文化精神，是组织文化的深层价值。能本管理的理念是以能力为本的。具体来说，现代形态的文化价值观，应建立在能力价值观的基础之上，要以能力价值观为主导来支撑和统摄其他价值观（如利益、效率、个性、主体性、自由、平等、民主、创新等）；而且当"权位""人情""关系""金钱""年资""门第"同"能力"发生冲突时，应让位于能力；在市场经济、知识经济和现代化建设条件下，人生的一切追求、一切活动应围绕如何充分正确发挥人的能力旋转；人要依靠能力来改变环境，依靠能力立足，并实现个人价值，依靠能力来为社会而工作；在对组织和成员的行为表现进行评定和奖惩时，应首先看其能力发挥及其为社会做出贡献的状况。

能本管理对组织与成员之间关系的要求是，组织既要引导成员通过努力来实现自身的价值，还要发挥成员的优势，为组织、国家、社会做出贡献，进一步实现个人的价值。同时也要求组织为每一名成员营造良好的环境，提供相对公平的机会，引导成员将个人目标与组织目标联系在一起，使组织与成员成为共同体，将组织的发展与个人的发展联系在一起，实现组织与个人的共同发展。

努力消除维持型组织，建立一个创造型组织，逐步实现文化创新、制度创新、组织创新和技术创新；努力消除经验型组织，建立一个学习型组织，即从组织结构、形态和制度设计到组织成员的理念、价值观、态度、心理、思维和行为，都应具有强烈的自我组织、自我调整、自我发展和自我完善的能力，使成员具有主动地驾驭组织的目标和任务，并能适应外部环境变化的意识和能力，而这些能力形成的一个重要途径，就是组织对其成员的教育和培训，使成员在组织中能得到"终身学习"和"持续培训"。因此，组织应建立科学的教育培训体系，加大教育培训的力度；还要逐渐消除形式型组织，建立一个实效型组织，使组织注重实效，反对形式主义，力图增强组织的实力和活力。

能本管理对组织成员的要求是，进一步挖掘成员的潜能，优化人员配置，使成员的才能得到进一步的发挥与展现。成员可以通过不断地学习来提升自己的能力，通过取得的成绩来证明自己的努力。

能本管理在用人制度上，尽量避免根据领导的喜好或者是人情关系来选拔人才。选拔人才的标准应建立在公正、公平、公开的原则上，将合适的人放在合适的岗位上才是最重要的。

## 四、再造理论

### （一）再造理论的特点

①向基本信念挑战。
②彻底性。
③大跃进式的发展。
④从业务流程着手。

### （二）企业再造

#### 1. 企业再造的核心领域——业务流程

企业再造的核心领域是业务流程，企业再造的关键技术就是重整业务流程。业务流程是企业为满足顾客需求，通过输入各种原料，以创造出符合顾客需求的产品或服务的一系列活动。在业务流程再造前，企业首先应深入分析原有的业务流程，发现其中的不足之处。其次，分析和论证业务流程的重要性、问题的严重性以及再造的可行性，以便安排业务流程再造的顺序。由于企业资源有限，不能对所有业务流程进行改造。因此，一般优先选择对顾客利益影响最大的流程进行再造，如影响产品特色、交货期限和产品成本的流程。

#### 2. 业务流程改造的策略

业务流程改造的基本原则是：执行流程时，插手的人越少越好；顾客了解流程时，越简便越好。依据这一基本原则，企业的业务流程改造可采取以下策略。

①合并工序。企业可利用相关技术，将原有的被分割成许多工序的流程按其自然形态合并起来，以提高效率。

②共享信息。可将业务流程中一些完成工序的人员结成团队，共同完成流程改造，团队之间能共享信息，减少工序交接的问题。

③同步流程。将原有的平行式流程和连续式流程转变为同步流程。平行式流程是指划分流程中的所有工序，所有工序同时独立进行，最后将各个工序的部件进行汇总。连续式流程是指按照流程顺序完成工序，流程中的后一道工序要在前一道工序完成的情况下进行。平行式流程和连续式流程的缺点是运转速度慢，流程周期长。同步流程是指多道工序同时进行，各道工序之间可以随时沟通。企业实施同步流程能提高运转速度，缩短运行周期，有效提高流程运转的效率。

**3. 业务流程改造之后的优势**

①没有装配线。改造后的流程将原本被分割的工序重新组合回去或者将几道工序压缩成一道工序。在新流程中，由服务专员或团队专门解决顾客的问题和需求。通过压缩平行的工序，装配线自然消失了，同时减少了监督工作，也精简了工作人员。

②提高员工的决策权。新流程压缩了工序，组成了工作团队，垂直的等级制被压缩，减少以往需要层层上报的程序，员工拥有一定的自我决策权。

③提高工作效率。在新流程中，几乎所有的工序都可以通过信息处理系统同时进行，以缩短运行周期，有效提高工作效率。

④多样化服务。传统业务流程主要遵循标准化生产理念，以不变应万变，所有问题都以同一种模式来处理，整个业务流程刻板僵化。改造后的业务流程具有灵活应变的能力，提供多样化的服务方式。

⑤超越界限。传统业务流程中，组织内部之间和组织与外部之间有一条行为、权利的界限。改造后的业务流程为提高流程运转的效率，可超越界限行事。

⑥减少审核与监督。在传统业务流程中，许多工序被分割，需要将分割的工序进行审核和监督后重新组合。改造后的流程合并了一定的工序，减少了连接点，也就减少了审核与监督，在一定程度上避免了组织中的冲突。

⑦企业享有集权与分权的好处。通过改造业务流程，能克服传统流程管理中集权与放权的弊端。新流程管理的主要思想是放权，建立自我管理的工作团队。在新流程中，企业能通过现代信息技术实时掌握各工序的运行情况，节约了审核与监督的成本。

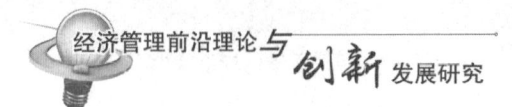

### (三)企业再造的同步工程

企业再造需要同步工程的应用,在企业进行整合业务流程的过程中,也需要整合企业的相关内容,主要内容如下。

①重新整合企业价值观。

②重新设计工作方式。

③重新设计考评体系。

## 五、学习型组织

### (一)组织成员拥有一个共同愿景

共同愿景作为组织成员的共同的愿望,是建立在客观事实的基础之上,对未来的合理规划。它是每一个员工的个人愿景又高于个人愿景,共同愿景将不同的员工聚集在一起,为了共同的目标而努力。

### (二)组织由多个创造型团体组成

在学习型组织中,团体作为最基本的学习单位,也是最具创造力的单位。组织是由多个创造型团队所组成的,组织中的所有目标也是直接或者间接通过团队来实现的。

### (三)"地方为主"的扁平式结构

学习型组织最大的特点就是尽自己最大的努力,将决策权下放到离公司管理层最远的地方,倡导决策权向组织结构的下层移动,可以让公司的最底层的员工拥有一定的决定权,有了权利,也要对自己的权利与决定负责。这样的思想组织结构趋近于扁平化。

### (四)组织的边界将被重新界定

学习型组织的边界建立在组织要素与外部环境要素的互动关系之上,可以超越根据职能或者是部门划分的规定边界。因此,组织的边界会被重新界定。

### (五)员工家庭生活与事业发展的平衡

学习型组织注重员工家庭生活与事业发展的平衡。支持员工可以充分自由地发展,员工也需要承诺组织认真工作。这样一来,组织与个人之间的界限将会变得模糊，家庭与事业之间的界限也就没有那么明确，很容易达到家庭生活与事业之间的平衡。

### （六）领导者的新角色

在学习型组织中，领导者的角色又有了新的定位，设计师、仆人、教师。在学习型组织中，需要领导者对组织的整体要素进行整合与优化，不仅仅是要设计组织的结构、组织策略，还要设计组织的发展理念。

之所以将领导者定位为仆人，是因为领导者需要实现组织愿景，对组织的真实情况有所认识，可以准确地了解下属的真实情况，这样才可以促进每一个人学习。

学习型组织是通过组织成员与整个组织的持续学习而建立的，持续学习是组织持续发展的精神基础。它会贯穿整个学习的过程，还需要在企业再造成功之后，继续深入学习。想要做到这一点就需要营造一种有利于学习的氛围，鼓励员工为企业的长远发展多做贡献。

## 六、管理创新理论

### （一）管理创新的内容

#### 1. 社会整体目标创新

知识经济下要求企业管理在追求自身的目标的同时，还需要与整个社会的发展目标相联系。不仅仅要让顾客满意、员工满意、投资者满意，还要达到使社会满意，这就是全方位满意的管理原则，以丰富社会整体目标。

#### 2. 精神激励创新

在传统的工业经济管理中领导者注重物质激励，对于精神激励并不重视。根据马斯洛的需求层次理论，领导者更应注重人的精神需求。现代企业也不应该再满足于表扬、奖赏等传统的精神奖励，而应该创新精神奖励，赋予员工更多的责任与权利，使员工认识到自己的责任，充分调动自身的主动性与创造性。除此之外，还要重视精神奖励的及时性。

#### 3. 组织文化建设创新

传统的工业管理最为重视规章制度等管理，现代知识经济管理重视组织文化管理。企业文化建设已经成为企业建设中的重要组成部分，实现组织文化管理，在知识经济时代下，不管是企业内部还是企业外部原有竞争者将普

遍联合，选择合作机制，在一种和谐的文化氛围中共同开拓与培育市场。

### 4. 知识管理目标创新

将信息与人，信息与过程，信息与信息联系在一起，实现大量的创新。通过将信息与人的认知能力结合在一起，进一步产生知识，运用信息创造知识，实现知识管理的目标。

### 5. 集体知识共享和技术创新

知识经济中员工的重要性不仅仅取决于他以前的知识掌握情况，更在于他不断学习，不断创新知识，将新的知识运用到实际中。培养员工这种潜力，实现员工之间的共享与集体拥有知识，作为企业竞争的核心所在，可以满足知识经济管理的要求。

## （二）管理创新的空间

### 1. 企业外部环境的变动导致管理创新空间的存在

企业作为市场活动的主体，在进行市场经济活动的过程中，不可避免地会与外界的企业发生联系，甚至还会影响到企业内部的资源交换与配置。同时，对原来企业的运行方式产生影响。对企业外部影响较大的因素主要有以下几种。

①市场结构的变动。
②经济周期性波动。
③政府、竞争对手及消费者。
④制度变迁和政策效应的影响。

### 2. 企业内部资源配置的复杂性导致管理创新空间的存在

随着社会的发展，市场完善需求的复杂化，企业内部资源配置呈现复杂与简单两种趋势。

一方面，由于科学技术的进步，大规模自动化设备的产生，致使产品生产规模化、简单化，对员工的操作要求并不高。

另一方面，面对市场需求的复杂性，企业只有开拓管理创新空间才可以实现销售产品的目的，才可以实现市场销售观念的转变，具体从以下几个方面得到论证。

首先，区分好作为管理对象的人与管理主体的人。企业中的人，是重要的资源要素。人既是管理主体也是管理对象。人的劳动成果只有投入资源配置的过程中与大生产的要素相结合，才可以创造出应有的价值。分工协作作为工业化提高劳动生产效率的重要手段，因为分工不同，在最终产品中难以确定每一个劳动者的劳动贡献，很容易出现在生产过程中员工搭便车的行为。

其次，技术的进步速度加大了学习的难度。技术进步既是企业资源配置的内在变量又是一个外在变量。技术的进步速度日新月异，技术越先进，企业的竞争优势也就越大。企业在追求利益最大化的同时，也要追求最经济的方式，节约企业的成本，追求技术创新。

最后，深化资源配置对象的发展。伴随着经济的不断发展，企业的可利用资源也在不断深化，原来不被人们重视的材料，可能成为企业生产的重要资源。

### （三）管理创新行为与范式

动机与运行激励作为主要的内在因素，在管理创新理论中占据重要的地位。动机就是产生某种行为的内在动力，包括心理需求与满足感。管理创新需求作为管理创新主体对某种创新目标实现的欲望，也就是管理创新主体希望自己的创新能力可以得到体现。

从一定程度上讲，创新管理需求是人的最高层次的需求。由创新管理需求产生的创新管理行动可以协调组织行为，提高活动的效率。它们之间可以平行进行，也可以交叉进行。因为不管采用哪一种模式，都是为了实现管理创新主体所设定的目标。管理创新行为没有固定的模式，但是有基本原则与规律即范式，主要包括管理创新的原则、管理创新的边界条件以及管理创新的基本模式三个部分。管理创新原则是管理创新的基准与出发点；管理创新的边界则给定了一个具体管理行为的可行域、管理创新目标的达成域；而管理创新模式则是管理创新本身的一个系统流程。实际上不管是普通的员工还是领导者，在考虑进行创新时都需要考量以上三点，要不然只能停留在口头也不能落实到行动中。

## 七、市场供应链管理

### （一）供应链管理概念

供应链管理是指对整个供应链系统进行计划、协调操作、控制和优化的各种活动和过程，其目标是要将顾客所需的正确的产品能够在正确的时间、按照正确的数量、正确的质量和正确的状态送到正确的地点，即"6R"，并使总成本最小。

## （二）供应链管理的基本思想

与传统的企业管理相比，现代供应链管理体现了以下几个基本思想。
①系统观念。
②共同目标。
③主动积极的管理。
④采取新型的企业与企业关系。
⑤开发核心竞争能力。

## （三）供应链管理过程

供应链管理的过程主要分为四个阶段。
①竞争环境分析。准确识别企业供应链所面对的市场特征，掌握第一手的资料。
②企业现有供应链诊断。采用合适的方法与技术进行供应链分析。
③供应链的开发与设计。通过供应链诊断找出对顾客满意度有影响的因素，重新进行供应链的开发与设计。
④供应链改进方案的实施。形成供应链管理所设定的最初目标。

## （四）供应链管理的方法

在时间上重新规划企业的供应流程，以充分满足客户的需要。推迟制造就是供应链管理中实现客户化的重要形式，其核心的理念就是改变传统的制造流程将体现顾客个性化的部分推迟进行，在整个供应系统的设计中，应该对整个生产制造和供应流程进行重构，使产品的差异点尽量在靠近最终顾客的时间点完成，因而充分满足顾客的需要。这种对传统的制造流程进行重构的做法实际上与当前流行的企业再造是一致的。

在地理空间位置上重新划分企业的供销厂家的分布情况，降低企业的经营成本。供应厂家与销售厂家的合理布局，会减少时间的浪费，更快地将生产的产品输送到消费者的手中。企业与供销厂家之间的沟通协作，可以进一步减少运输以及存储费用，降低企业的经营成本。

在供应链管理中，需要实现生产商对所有的供应厂家的制造资源进行统一的收集与协调。企业的供应厂家不止一家，为了更好地完成用户目标，就需要对所有的供应厂家的生产资源进行统一规划与协调，将它们视为一个整体。

# 第二节 经济管理思想的演变

## 一、早期的管理思想

中国文化源远流长、博大精深。在管理方面也不例外，很多的管理思想甚至比西方要早几千年，至今仍有借鉴意义。

虽然，中国古代的生产力水平有限，但是，我国的司马迁、孙武等人都曾提出过一些重要的管理思想，只不过没有形成系统的管理体系。

18世纪的60年代之后，西方国家开始了产业革命。很多的管理思想也由此出现。例如，罗伯特·欧文提出重视人的因素的观点；亚当·斯密的"经济人"的观点等。

## 二、古典的管理思想

古典管理思想主要集中在19世纪的末期以及20世纪的30年代。其主要代表人物为泰勒与法约尔。

泰勒作为科学管理理论的代表人物，最重要的管理理论集中在组织管理与作业管理这两方面。法约尔在实践中总结出了著名的"法约尔法则"，还有十三项一般管理原则。

## 三、中期的管理思想

中期的管理思想主要是指1930年至1945年。管理思想的代表人物为梅奥与巴纳德，代表思想为人群关系学理论。该理论认为，员工不仅仅是"经济人"，更是"社会人"。管理者需要从社会与心理这两方面来提高员工的积极性。在企业中，一定要认识到非正式组织的作用，平衡好正式组织与非正式组织之间的平衡，提升劳动效率与生产效率，还要提高员工的士气。

巴纳德是组织理论的代表人物。他认为，组织是一个系统，在组织内，主管人是最重要的因素，只有依靠主管人的协调，才能维持一个"努力合作"系统；组织的存在要有三个基本条件，即明确的目标、协作的意愿和意见的交流；要使组织存在与发展，必须符合组织效力和组织效益原则。

## 四、现代的管理思想

现代管理思想，主要产生于1945年之后。此时的管理思想发展态势良好，出现了很多的管理学派，管理思想异常活跃。

行为科学学派的代表人物为马斯洛,著名的需求层次理论的提出者。他将人的需求划分为五个层次。还有一位代表人物是赫茨伯格,他提出了双因素论,将影响工作动机的因素分为两种,内部因素与外部因素。

权变理论学派的主要代表人物为菲德勒和卢桑斯。他们的观点是,不存在一成不变的,适用于所有情况的管理模式与方法,管理者应该根据所处的情况与现实条件,采取不同的管理模式与方法。

决策理论学派的代表人物为西蒙。该学派认为,管理的关键在于决策,决策作为一个复杂的过程,可以根据决策的性质分为程序化决策与非程序化决策,根据人的满意情况进行决策。

经验主义学派的代表人物为戴尔与杜拉克。该学派认为,管理学的主要研究内容为管理经验,该学派主张从大企业的管理经验入手,对其进行总结归纳,从而给企业的管理人员提供可实行的建议。

## 第三节 经济管理的性质与原则

### 一、经济管理的性质

从微观经济层次的角度,对一系列社会现象进行深入的分析,促进政策的运行,对市场中存在的"市场失灵"等问题进行分析,制定相关的经济政策,实现收入的公平分配。还可以通过制定相关的货币政策、财政政策、收入政策等,进一步保障经济的平稳运行,政府通过对货币以及汇率制度进行标准化的管理,确保国际收支平衡。

在微观经济学中,通过对个体经济单位经济行为的研究,来体现西方经济市场机制的运行与作用,在这个过程中,发现这种经济运行的不足,改善相关问题。其主要的组成部分为:市场结构理论、生产要素收入分配理论、消费者行为理论、生产成本理论等。这些经济理论共同构成了公共部门经济学的主要研究工具。公共部门的经济学的理论发展,也应该感谢微观经济学的发展。

经济管理是指经济管理者与管理机构为了实现特定的目标,对社会经济活动进行事前分析、决策、计划、控制、监督的过程的综合。经济管理作为人们进行共同劳动的一种客观要求,也是一个复杂且庞大的过程,更是一个有机的整体。

经济管理具有双重属性,既包含自然属性也包含社会属性。管理的双重性是由生产的双重性所决定的,经济管理的自然属性是经济活动中的共性,经济管理的社会属性是经济管理的个性，这就相当于同样的管理过程中的两个方面，掌握经济管理过程中的这一特点，有利于管理者对经济管理过程中客观规律的掌握，更有利于理解经济活动，正确借鉴资本与经济管理的经验的借鉴。

## 二、经济管理的原则

经济管理的原则简单来说主要包括三种：①经济效益最佳；②物质利益；③遵循客观规律。

# 第四节 经济管理的内容与方法

## 一、经济管理的内容

经济管理的内容为企业的决策与管理提供依据，其主要内容包括以下几方面。

### （一）人力管理

人力资源管理作为经济管理中的重要组成部分，一定要加强人力资源的开发与管理。企业一定要做好员工的培训工作，提高员工的基本素质，不断挖掘企业劳动者的潜力，调动员工的积极性。相关部门建立健全人力资源开发机制，为企业人力资源管理提供相关借鉴，教育部门要做好教育工作，为企业输送更多优质的人才，促进企业发展。

### （二）财力管理

财力集聚的对象，就是国内社会总产品的价值和国外资金市场中的游资。财力集聚的主要渠道有财政集资、金融机构集资和利用外资。在我国目前的市场经济发展中，除了搞好财政集资外，尤其应重视金融机构集资和利用外资。财政集资的主要特点是强制性和无偿性，金融机构集资的主要特点是有偿性和周转性。财力管理应坚持的原则：统筹兼顾，全面安排；集中资金，保证重点；量力而行，留有余地；维持财力平衡。

### （三）物力管理

物力管理包括两方面的内容，一是自然资源的保护与利用，二是物力的开发、供应与使用。

想要更好地实现物力管理，就需要遵循经济规律与自然规律。主张节约，不能浪费。结合经济发展的要求与人们的需求，开发、使用、保护好物力资源，以合理的方式使用物力，促进企业的正常运行，促进经济与社会事业的不断发展。

在设计自然资源的开发与利用的过程中，要根据可持续发展的相关要求，对自然资源进行合理的开发与利用，不能随意开发，要适度开发，合理利用，以提高资源的使用效率，保护自然环境。

### （四）科学技术管理

科学是人类实践经验的概括和总结，是关于自然、社会和思维发展的知识体系。技术是人类利用科学知识改造自然的物质手段和精神手段的总和，它一般表现为各种不同的生产手段、工艺方法和操作技能，以及体现这些方法和技能的其他物质设施。

制定科学技术发展规划，合理使用科学技术，努力创新科学技术，积极推广应用科研成果。注重技术改造与先进技术的引进，提升自身的创新能力，加强创新型科技人才队伍的建设，为经济管理服务。

### （五）时间资源管理

时间是一切运动着的物质的一种存在形式。时间资源具有不可逆性；具有供给的刚性和不可替代性；具有均等性和不平衡性；具有无限性和瞬间性。

时间资源的管理是指在同样的时间内，为了提升时间的利用率与有效性而进行的一系列的调控工作。时间资源管理的内容，简单来说，就是指对生产时间的管理与流通时间的管理。

有效的时间资源管理，就需要做出明确的经济活动的目标与规划，对时间的使用有明确的规划，严格把控时间。对整体的工作程序进行深化与优化，提升工作效率。此外，还要保障有足够的时间用来休息与娱乐。

### （六）经济信息管理

经济信息是指反映经济活动特征及其发展变化情况的各种消息、情报、资料的统称。经济信息的特征：社会性、有效性、连续性和流动性。

经济信息的分类标准多样，不同的划分标准会出现不同的分类情况。按照经济信息的获取方式不同，可以分为常规性信息与偶然性信息。按照经济信息来源不同，可以分为原始信息与加工信息。按照经济信息所反映的内容不同，可以分为外部信息与内部信息。

经济信息管理的要求应该建立在及时、准确、适用的基础上。经济信息管理的基本过程分为收集、加工、及时传递、分类储存。

## 二、经济管理的方法

组织的经济管理方法与行政方法都各自具有自身的特点。组织具有综合效应，这种综合效应是组织成员共同作用的结果。组织管理就是通过建立组织结构，明确权责关系，规定相关职务，使组织成员各司其职，彼此之间相互配合，共同为了一个目标而努力的过程。

### （一）经济方法

经济方法是指依靠经济组织，运用经济手段，按照客观经济规律的要求来组织和管理经济活动的一种方法。正确理解经济方法的含义需要把握以下要点：经济方法的前提是按客观经济规律办事；经济方法的实质和核心是贯彻物质利益原则；经济方法的基础是搞好经济核算；经济方法的具体运用主要依靠各种经济杠杆；运用经济方法，主要依靠经济组织。经济方法的特点是利益性、平等性、有偿性、间接性，作用范围广、有效性强。

经济方法的科学运用，在一定程度上可以体现经济杠杆的科学作用。有效地利用经济杠杆，可以加强对经济活动的管理，但是一定要认识到各种不同的经济杠杆的作用领域与具体的调节目标。经济杠杆的调节作用可以体现在社会经济生活中的各个方面，实现多种调节目标。例如，信贷杠杆是在资金分配的过程中发挥作用，可以促进社会总需求与总供给之间的平衡，还可以促进企业的发展，减少资金的占用，促进资金的合理运转，提高企业的经济利益。

### （二）法律方法

经济管理的法律方法，是指依靠国家政权的力量，通过经济立法和经济司法的形式来管理经济活动一种手段。法律方法的特点：权威性、强制性、规范性、稳定性。

法律方法是国家管理和领导经济活动的重要工具，在经济管理中之所以要使用法律方法，从根本上说，是为了保证整个社会经济活动的内在统一，保证各种社会经济活动朝着同一方向、在统一的范围内进行落实依法治国基本方略。具体来讲就是保障国家的经济建设的大政方针，保护以公有制为主体的多种经济成分的合法权益，保障科技成果的有效应用，加强国与国之间的经济合作，保证顺利完成经济体制改革。

## (三)行政方法

经济管理的行政方法,是指依靠行政组织,运用行政手段,按照行政方式来管理经济活动的一种方法。行政方法的特点:强制性、直接性、无偿性、单一性、时效性。

行政方法使用之前,一般会进行深入的调查研究。注重从实际出发,尊重客观事实。行政方法一般建立在客观经济规律之上,对于各级组织与领导人的权力范围有严格且明确的划分,可以正确处理各级组织的关系。裁撤冗余的机构组织,建立健全行政工作责任制,提高办事效率。尊重人民群众的利益,发扬民主,积极联系群众。

合理的经济管理组织是管理者履行各种管理职能,顺利开展各项管理活动的前提条件。建立合理的经济管理组织应坚持的基本原则:坚持有效性原则,即管理组织结构的建立,包括它的结构形态、机构设置和人员配备等,都必须讲效果讲效率;坚持权利与责任相对称的原则,即各级经济管理机构和管理人员,根据所管辖范围和工作任务,在管理经济活动方面,都应拥有一定的职权,与此相对应,还要承担相应的责任;坚持管理层级及幅度适当的原则。一般来说,管理层级与管理幅度呈反比例关系,即幅度宽对应层较少,幅度窄则对应层较多;坚持统一领导、分级管理的原则;坚持稳定性和适应性相结合的原则;坚持执行与监督的分设原则。

# 第五节 经济管理的效益与评价

## 一、经济管理的重要性

企业的经营活动都是为了获得经济效益而进行的,经济管理是企业管理制度中的重要一环,采取有效对策对企业经济运行进行管理,能够促进企业的健康发展。

## 二、将经济管理作为企业经营管理的中心

### (一)加强资金管理

资金管理作为企业经济管理中的核心所在,也是衡量企业经营标准的重要参考因素。加强资金管理,提升资金的使用效率,优化资金的配置是提升

企业经济管理的重要方式之一，这也是企业立足的关键所在。

### （二）坚持资金运转管理的思想

企业经济管理的最终目标就是保障资金的使用科学化与合理化，提高企业的经营效率。经济管理作为企业管理的关键，不只是相关的管理部门坚持这种思想，而是企业的所有员工都应秉持资金管理的思想。

### （三）定期开展经济预算

企业在日常的经营管理中，根据企业实际的资金情况，对企业的经济活动以及盈利规划做出合理的设计方案，计算出有效的经济预算，为企业在以后的经营决策中提供依据。

### （四）强化收支管理机制

企业只能设置一个账户，不能建立多个账户，将资源打散，用来掩藏资金。也就是说，企业所有的开支与收入应该用一个账户，禁止相关部门或者个人对资金进行不合理的使用，企业资金的开支应该由专门的负责人进行管理，其他人没有权利进行支配。

### （五）做好成本控制

成本控制是经济管理的重要组成部分，做好成本控制就是协调各部门之间的费用分配，将最具有竞争力的产品指标进行有效的拆分，并在相关部门中严格贯彻。采用最先进的技术管理方式，做好成本控制，节约资金，加强企业的竞争力。

### （六）策划经济方案

在进行经济管理的过程中，相关工作人员要根据企业的真实情况，做好经济方案，有阶段性的经济方案，也要有全年的经济方案，做好经济预算，及时解决经济活动的困难，便于经济管理。

### （七）研究经济管理的结果

深入研究经济管理的结果，对于经济管理具有重要的意义。可以找出经济管理中的不足，吸取相关的经验，不断完善经济管理活动，可以使企业有效地掌握资金，做好预算，促进企业的发展。

## 三、增强经济管理的力度

经济管理与企业的日常经营活动相结合,增强经济管理的力度。在企业的日常经济管理活动中,经济管理的作用可以说在各个环节中都有所体现,以保障企业的正常运行,减缓资金供应的压力。

### (一)影响企业资金周转不畅的因素

影响企业资金周转不畅的因素主要包括:相关工作人员的经济管理的意识淡薄;客户欠款与拖款现象严重;所支持的资金的账目一直处于较高的水平。

企业要根据自身的实际情况,建立专项的管理团队,定期开展收回欠款的活动,还需要各个部门之间的相互配合,做好企业的成本预算,降低企业成本,提高企业的经济效益。

### (二)增强经济管理的途径

#### 1. 做好经济规划

良好的经济规划对于企业的发展方向具有重要的指导意义,经济规划做得好,就会提升企业的经济效益,增强企业的经济管理。因此,想要做好经济规划就需要从以下几个方面着手。

①掌握企业具体情况,对资金的流通规律有基本的认识。
②应该进行充分科学调研,依法经营。
③厘清投资过程,科学民主地进行经济管理。
④建立风险预警机制。

#### 2. 体现经济监督

企业想要维持正常的运转,就需要建立健全经济监督机制,成立管理领导小组,加强经济管理监督工作,反对不良经济行为。经济管理人员一定要具备高度的责任感,对不良的经济行为坚决抵制,发现问题,及时与有关人员沟通,坚守自己的职业道德,保障职工的合法权益。

#### 3. 科学分配企业盈利

盈利的分配直接关系到员工的切身利益。科学的分配企业的盈利,可以调动员工的工作热情,还可以促进企业的整体发展。目前来讲,大部分企业的分配原则都是采用平均分配,这从一定程度上,挫伤了企业员工的生产积极性,也使得企业的运行陷入一种不良循环。

根据经济管理的内容，企业的领导可以采用多种形式来改善盈利的分配，体现杠杆的调节作用，使企业的运行达到一种相对平衡的状态，提升员工的积极性，让企业朝着更好的方向运行。

想要全面提升企业经济管理的引导效果，就需要建立一个科学、全面、有效、可实行的经济管理体系，不只是依靠某一个部门或者是某一部分人员，而应该是企业的全体部门与全体职工。一起努力致力于做好管理决策，提升员工素质，利用最为先进的技术，做好成本控制、资金规划，提升经济管理的效率。除此之外，还要加强企业员工的相关培训，不断提高企业的管理水平，提升企业的经济效益，为企业的发展做出贡献。

# 第四章 经济管理的宏观视角

我国宏观经济管理的任务复杂而艰巨。我们既要学习借鉴西方现代宏观经济管理的理论经验，又要立足于中国的国情，研究适合于中国实际情况的宏观经济管理的理论和方法。本章基于经济管理创新的宏观视角，详尽阐述了宏观经济管理，经济发展模式与宏观管理目标，宏观经济管理中的市场环境。

## 第一节 宏观经济管理

### 一、宏观经济管理的必要性

#### （一）加强宏观经济管理，可以弥补市场调节缺陷

市场机制不是万能的，具有自身内在的缺陷，如市场机制调节的盲目性、滞后性、短暂性、分化性和市场调节在某些领域的无效性，这就需要通过国家宏观经济管理，来弥补市场缺陷。

#### （二）加强宏观经济管理，可以维护市场秩序

市场经济条件下，保证市场竞争的公平是发挥市场配置资源优越性的条件之一。仅仅靠市场自发调节，容易形成市场垄断和过度投机，不仅不能确保市场竞争的公平，还会破坏公平竞争机制，造成市场秩序混乱。政府通过建立、维护和保障市场经济有序运行和公平竞争的制度规范，进行严格的市场监管，保障市场公平交易。

宏观经济管理的必然性在于生产的社会化所导致的社会分工和协作关系的发展。社会化大生产条件下，社会分工越专业化、越细密和越广泛，所要求的协作和相互依赖关系就越密切、越不可分割。这就需要对社会经济活动的各个方面、各个部门、各个地区以及社会生产的各个环节进行计划、组织、指挥和协调，因而客观上要求对国民经济进行统一的管理，要求协助宏观管

理系统来调节社会生产的各个方面和各个环节,以保持整个国民经济活动协调一致地运行。特别是随着分工和协作关系的不断深化,国民经济活动就更加离不开宏观经济管理。

## 二、宏观经济管理的目标

宏观经济管理目标是指一定时期内国家政府对一定范围的经济总体进行管理所要达到的预期结果。宏观经济管理目标是宏观经济管理的出发点和归宿,也是宏观经济决策的首要内容。

在有利于发挥市场基础调节作用和企业自主经营、增强活力的情况下,通过正确发挥政府宏观经济管理职能,保证整个国民经济持续、快速、健康地发展,以达到不断取得较好宏观效益、提高人们物质和文化生活水平的目的,是我国宏观经济管理目标的总概括。

# 第二节 经济发展模式与宏观管理目标

## 一、传统经济发展模式的基本特征及其运行轨迹

与经济体制模式相联系,我国的经济发展模式也经历了一个从传统模式向新模式的转变。为了把握新发展模式的基本内容和特征,我们需要从历史演变的角度,回顾传统经济发展模式及其转变。

### (一)传统经济发展模式的基本特征

从新中国成立至党的十一届三中全会,这一时期的传统的经济发展模式是利用超经济的强制力量,优先发展重加工业,以数量扩张为主的内向型经济发展模式。

在将近三十年的实践中,这种经济发展模式主要表现出以下几个基本特征。

**1. 以高速度增长为主要目标**

在这样一个发展模式中,经济增长速度一直是处于最重要的中心地位。然而,这又是以赶超先进国家为中心而展开的。在这样一种以高速度增长为主要目标的赶超发展方针指引下,追求产量、产值的增长成为宏观经济管理的首要任务。

## 2. 以超经济的强制力量为手段

从战略指导思想来说，主张从建立和优先发展重工业入手，用重工业生产的生产资料逐步装备农业、轻工业和其他产业部门，随后逐步建立独立、完整的工业体系和国民经济体系，并逐步改善人们的生活。在这一战略思想的引导下，我们一直把重工业，特别是重加工业作为固定的经济建设重心，实行倾斜的超前发展。然而，在一个基本上是封闭自守的经济系统中，这种倾斜的超前发展基本上或者完全依靠国内积累的建设资金。由于重工业的优先发展需要大量资金，国家只好采取超经济的强制力量，以保证这种倾斜的超前发展。因此，这种倾斜的超前发展实质上是以农业、轻工业等产业部门的相对停滞为代价的。

## 3. 以高积累、高投入为背景

为了通过倾斜的超前发展，迅速建立和形成一个独立、完整的工业体系和国民经济体系，就需要有高积累、高投入，以便大批地建设新的项目。因此，经济发展是以外延扩大作为基本方式的。在这样的发展模式下，大铺摊子，拉长基建战线，一哄而上，竞相扩展等现象，已成为必然的反映。

## 4. 一种封闭式的内向型经济发展模式

虽然，在这一发展模式下也存在着一定的对外经济技术交流关系，但通过出口一部分初级产品和轻工业产品换回发展重工业所需的生产资料，最终是为了实现经济上自给自足的目标，而且这种对外经济关系被限制在一个极小的范围内。因此，从本质上说，这是一种封闭式的内向型经济发展模式。在这一发展模式下，经济的自给自足程度就成为衡量经济发展程度的重要标志。这种传统的经济发展模式是一定历史条件下的特定产物，有其深刻的历史背景。传统经济发展模式受其历史局限性和主观判断错误的影响，存在着自身固有的缺陷。

### （二）传统发展模式下经济的超常规发展轨迹

为了全面考察传统发展模式，并对其做出科学的评价，我们需要进一步分析传统发展模式下经济发展的轨迹。从总体上说，在传统发展模式下，我国的经济发展经历了一个偏离世界性标准的进程，留下了超常规的发展轨迹，其主要表现在以下几个方面。

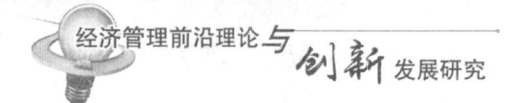

#### 1. 总量增长与结构转换不同步

我国的结构转换严重滞后于总量增长，近年来，短缺与过剩并存已成为普遍现象，这种滞后严重制约了总量的均衡与增长。

#### 2. 产业配置顺序超前发展

我国在产业配置顺序上的超前发展，比一般后发展国家更为显著。重加工工业的超前发展，导致了农业、轻工业和基础工业先天发育不足以及产业之间产生的严重矛盾。因为，重加工工业的超前发展是基于超经济强制地约束农业经济的发展。农业劳动生产率增长缓慢的同时，重加工业的超前发展严重损害了轻工业的发展。轻工业发展不足，使积累的主要来源的转换没有顺利实现，这不仅直接影响了农业承担积累主要来源的重大压力，而且未能完成满足资金密集型基础工业发展需要的历史任务。在资金积累不足的情况下，基础工业发展严重滞后，成为国民经济的关键性限制因素。

#### 3. 高积累、高投入与低效益、低产出相联系

在我国工业化体系初步建立以后，那些曾经塑造了我国工业化体系的条件，如低收入、高积累和重型产品结构等，却反过来成为束缚自身继续发展的因素，从而造成高积累、高投入与高效益、高产出的错位，使国民经济难以走上良性循环的轨道。

#### 4. 农、轻、重之间的互相制约超乎寻常

在我国经济结构变动中，却出现了农、轻、重之间形成强大的相互制约力，三者产值平分天下的僵持局面。不仅农业与工业之间的结构变动呈拉锯状，而且轻工业与重工业之间的结构变动也是反反复复。这种农、轻、重大结构的势均力敌状态，造成较多的摩擦，使各种经济关系难以协调。

除以上几个主要方面之外，我国经济发展的超常规轨迹还表现在许多方面，如产业组织结构失衡，区域经济发展结构失衡，资源与生产能力错位；技术结构发展迟缓，中低技术繁衍等。这些都从不同的侧面反映了传统发展模式下我国经济发展非同寻常的特殊性。

### 二、新的经济发展模式的选择

传统的经济发展模式虽然在特定的历史条件下起过积极的作用，但由于其本身的缺陷以及条件的变化，已造成了不少严重问题。因此，要对经济发展模式做出新的选择。新的经济发展模式的选择，既要遵循经济发展的一般

规律，又要充分考虑到我国经济发展进程中的基本特征，同时还要正视我们正面临的压力和挑战。

### （一）我国经济发展进程的基本特征

从传统经济向现代经济转化，是一个世界性的历史过程，任何一个国家的经济发展都会受到支配这个进程的共同规律的影响，从而表现出具有统计意义的经济高速增长和变动的状态。但是，由于各国经济发展的历史背景和内外条件不同，在其经济发展进程中会出现差异，有时甚至是极大的偏差。因此，在把握经济发展共同规律的基础上，必须研究各国从传统经济向现代经济转化中的特殊性。

与其他国家相比，我国经济发展的历史背景和内外条件更为特殊，不仅与发达国家有明显的差别，而且与一般发展中国家也不相同。这就不可避免地使我国经济发展走出了一条与众不同的道路。我们认为，我国经济发展进程中的基本特征，可以归纳为"三超"，即超后发展国家，超大国经济和超多劳动就业人口。

这三个基本特征，不仅构造了我国经济发展的基本性状，而且也界定了我们选择经济发展战略的可能性空间，决定了我国经济发展非同一般的超常规轨迹。

### （二）我国经济发展新阶段及其面临的挑战

除了考虑到我国经济发展进程的基本特征外，我们还应该看到，经过四十年的努力，我们已基本实现了经济建设的第一步任务，解决了人们的温饱问题，我国的经济发展开始进入一个新阶段。

如果说过去的经济发展主要是以低层次消费的满足来推动的话，那么在这个新阶段，国民经济的增长就是以非必需品的增长为主要动因。这是经济发展过程中的一个重大的质的变化。

但是，我国进入这个新成长阶段，与先行的发达国家不同，不是单靠自身获得的科学、技术和文化的进步来推动的，而是像许多发展中国家一样，不得不借助于外来的技术和知识，并受到外部消费模式的强烈影响。因此，在经济发展新阶段，我国将面临一系列新的问题和困难。

**1. 非必需品的选择**

非必需品在消费方面具有很大的选择空间和替代弹性，而在生产方面，其不同的选择对资源约束、产业带动效应、就业弹性以及国民收入的增长有非常不同的影响。因此，我们一方面必须依靠非必需品的需求来推动经济的增长，另一方面又要避免这种需求完全脱离本国的资源条件与供给能力，对本国的产业发展与结构转换产生不利的影响。

**2. 供给结构的调整**

在这一阶段，以非必需品为主的消费结构的变动比较迅速，面对供给结构的长期超稳态却难以适应，从而形成严重的滞后发展。因此，国内结构性矛盾可能会升级。这样，我们就面临着大规模调整供给结构的艰巨任务。这种结构调整已经使产业结构合理化与高级化。

**3. 劳动力市场的就业压力**

在满足非必需品需求的结构变动中，还要考虑如何在严重的资源约束的情况下，实现众多劳动力的充分就业。因为，在这一新阶段，将有大批农业剩余劳动力转移出来要求加入其他产业部门，但同时又不可能特别加大制造业在国民经济结构中的比重。

**4. 国际竞争的压力**

随着对外开放的深入发展，外汇需求加速递增将成为必然现象，为缩小国际收支逆差，扩大出口创汇能力成为重要问题。然而，我国以初级产品为主的出口结构正面临着世界市场初级产品需求减少，价格下降的严重挑战，出口竞争加剧，创汇能力削弱。

**5. 新技术革命的冲突**

正在蓬勃兴起的世界新技术革命日益强化着技术在经济发展中的作用，使发展中国家的劳动力资源优势逐步丧失。如果无视新技术革命对产业结构的冲击和对国民经济的影响，那么我国与世界的经济、技术差距将会进一步拉大。

### （三）向新的经济发展模式转变

尽管新的经济发展模式不是对传统经济发展模式的彻底否定，而是对其的扬弃，但两者之间存在着本质的区别。

**1. 经济模式转变**

传统经济发展模式向新经济发展模式的转变，是一种革命性的转变，历史性的转变。具体来说，有以下几个方面的本质性转变：①发展目标的转变，即由以单纯赶超发达国家生产力水平为目标转变为以不断改善人们的生活，由温饱型向小康型过渡为目标；②发展重心的转变，即由追求产值产量的增长转变为注重经济效益，增长要服从经济效益的提高；③发展策略的转变，即由超前的倾斜发展转变为有重点的协调发展，在理顺关系的基础上突出重点；④发展手段的转变，即由以外延型生产为主转变为以内涵型生产为主，提高产品质量，讲究产品适销对路；⑤发展方式的转变，即由波动性增长转变为稳定增长，稳中求进，尽量避免大起大落，反复无常。

#### 2. 经济体制改革

这种经济发展模式转变的实现，从根本上说，有赖于经济体制改革的成功。传统的经济体制不可能保证新的经济发展模式的实现，所以经济体制模式的转变是实现新经济发展模式的根本保证。在此基础上，建立新的经济发展模式要着力于以下几个方面：①对国民经济进行较大的调整；②要确立新的经济理论、思想观念和政策主张；③要端正政府和企业的经济行为。

## 三、新经济发展模式下的宏观管理目标

从一般意义上说，宏观管理目标是由充分就业、经济增长、经济稳定、国际收支平衡、资源合理配置、收入公平分配等目标构成的完整体系。但在不同的经济发展模式下，宏观管理目标的组合、重点以及协调方式是不同的。因此，随着传统经济发展模式向新的发展模式的转变，宏观管理目标的性质也会发生重大变化。

### （一）宏观管理目标之间的交替关系

宏观管理目标之间存在着固定的关联。这种关联有两种类型：一种是互补关系，即一种目标的实现能促进另一种目标的实现；另一种是交替关系，即一种目标的实现对另一种目标的实现起排斥作用。在宏观经济管理中，许多矛盾与困难往往就是由这种目标之间的交替关系所引起的。这种目标之间的交替关系主要有以下几种。

#### 1. 经济增长和物价稳定之间的交替关系

为了使经济增长，就要鼓励投资，而为了鼓励投资，一是维持较低的利息率水平；二是实际工资率下降，使投资者有较高的预期利润率。前者会引起信贷膨胀，货币流通量增大；后者需要刺激物价上涨。

在供给变动缓慢的条件下，经济增长又会扩大对投资品和消费品的总需

求，由此带动物价上涨。在各部门经济增长不平衡的情况下，即使总供求关系基本平衡，个别市场的供不应求也会产生连锁反应，带动物价上涨。

然而，要稳定物价，就要实行紧缩，这又必然会制约经济增长。因此，在充分就业的条件下，经济增长目标与稳定物价目标之间存在着相互排斥的关系。

### 2. 经济效率与经济平等之间的交替关系

经济效率目标要求个人收入的多少依经济效率高低为转移，从而要求拉开收入差别。同样，它也要求投资的收益多少依经济效率高低为转移，以此来刺激投资与提高投资效益。然而，经济平等目标要求缩小贫富收入差距，这样社会的经济效率就会下降。同样，忽视投资收益的差别，使利润率降低，就会削弱投资意向，难以实现资源配置的优化。

因此，经济效率与经济平等（收入均等化）不可能兼而有之。在一定限度内，强调平等，就要牺牲一些效率；强调效率，就要拉开收入的差距。

### 3. 国内均衡与国际均衡之间的交替关系

这里的国内均衡主要是指充分就业和物价稳定，而国际均衡主要是指国际收支平衡。充分就业意味着工资率的提高和国内收入水平的上升，其结果是一方面较高的工资成本不利于本国产品在国际市场上的竞争，从而不利于国际收支平衡；另一方面对商品的需求增加，在稳定物价的条件下，不仅使商品进口增加，而且要减少出口，把原来准备满足国外市场需求的产品转用于满足国内扩大了的需求，于是国际收支趋于恶化。

如果要实现国际收支平衡目标，那么一方面意味着外汇储备增加，外汇储备增加意味着国内货币量增加，这会造成通货膨胀的压力，从而不利于物价稳定；另一方面，消除国际收支赤字需要实行紧缩，抑制国内的有效需求，从而不利于充分就业目标的实现。

宏观管理目标之间的交替关系决定了决策者必须对各种目标进行价值判断，权衡其轻重缓急，斟酌其利弊得失，确定各个目标的数值的大小，确定各种目标的实施顺序，并尽量协调各个目标之间的关系，使所确定的宏观管理目标体系成为一个协调的有机整体。

### （二）新发展模式下宏观管理目标的转变

决策者是依据什么来对各种具有交替关系的目标进行价值判断，权衡轻重缓急，斟酌利弊得失，使其形成一个有机整体的呢？其中最重要的依据，就是经济发展模式。

从这个意义上来说，经济发展模式决定了宏观管理目标的性质。有什么样的经济发展模式，就有什么样的宏观管理目标。宏观管理目标体系中各个目标数值的大小，各种目标实施的先后顺序，都是服从于经济发展模式需要的。

在传统经济发展模式下，宏观管理目标所突出的是经济增长与收入分配均等化，并以其为核心构建了一个宏观管理目标体系。在这个宏观管理目标体系中，经济增长目标优先于结构调整目标；收入分配均等化目标优先于经济效率目标，其他一些管理目标都是围绕着这两个目标而展开的。

按照西方经济学的观点，经济增长和收入分配均等化之间也是一种交替关系。因为充分就业条件下的经济增长会造成通货膨胀，而通货膨胀又会使货币收入者的实际收入下降，使资产所有者的非货币资产的实际价值上升，结果发生了有利于后者而不利于前者的财富和收入的再分配。

当传统经济发展模式向新的经济发展模式转变之后，这种宏观管理目标体系已很难适应新经济发展模式的需要。以协调为中心的从效益到数量增长的发展模式要求用新的价值判断准则对各项管理目标进行重新判断，在主次位置、先后顺序上实行新的组合。

按照新的经济发展模式的要求，宏观经济管理目标首先应该突出一个效益问题，以效益为中心构建宏观管理目标体系。具体地说，围绕着经济效益目标，讲求经济稳定和经济增长，在"稳中求进"的过程中，实现充分就业、收入分配公平、国际收支平衡等目标。当然，这种宏观管理目标体系，诸目标之间仍然存在着矛盾与摩擦，需要根据各个时期的具体情况加以协调。

**（三）新发展模式下宏观管理目标的协调**

从我国现阶段的实际情况来看，新的发展模式下的宏观管理目标的协调，主要有以下几个方面。

**1. 实行技术先导**

靠消耗大量资源来发展经济，是没有出路的。况且我国的人均资源占有量并不高。因此，发展科学技术，改善有限资源的使用方式，是建立新发展模式的基本要求。

然而，我国大规模的劳动大军和就业压力，无疑是对科技进步的一种强大制约。我们面临着一个两难问题，即扩大非农就业与加快科技进步的矛盾。对于这两者都不可偏废。我们不能脱离中国劳动力过剩的现实来提高科技水

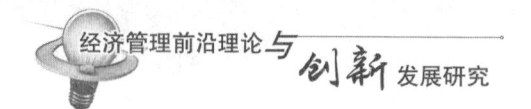

平，发展技术密集型经济，而要在合理分工的基础上加快技术进步。

除此之外，我们要把科技工作的重点放在推进传统产业的技术改造上。因为在今后相当长的时间内，传统产业仍将是我国经济的主体。传统产业在我国经济增长中仍起着重要作用。但是，传统产业的技术装备和工艺水平又是落后的。因此，要着重推进大规模生产的产业技术和装备的现代化；积极推广普遍运用的科技成果，加速中小企业的技术进步。与此同时，要不失时机地追踪世界高技术发展动向，开拓新兴技术领域，把高技术渗透到传统产业中，并逐步形成若干新兴产业，从而提高我国经济发展水平，使国民经济在科技进步的基础上不断发展。

### 2. 优化产业结构

合理的产业结构是提高经济效益的基本条件，也是国民经济持续、稳定地协调发展的重要保证。目前我国产业结构的深刻矛盾，已成为经济发展的严重羁绊，因此优化产业结构是新发展模式的一项重要任务。

按照国际经验，后发展国家在进行结构调整和改造时总会伴随着一定的总量失衡，这是不可避免的。但是总量失衡太大，也不利于结构的调整和改造。因此，我们应在坚持总量平衡的同时优化产业结构。这就是说，要合理确定全社会固定资产投资总规模和恰当规定消费水平提高的幅度，使建设规模同国力相适应，社会购买力的增长幅度同生产发展相适应，并以此为前提来优化产业结构。

所谓优化产业结构，首先要使其合理化，然后才是相对地使其高级化。产业结构合理化就是要解决由于某些产业发展不足而影响整体结构协调的问题。长期以来，我国加工工业发展过快，而农业、轻工业、基础工业和基础产业则均发展不足，所以结构合理化的任务是较重的。

在重视产业结构合理化的同时，还应积极推进产业结构高级化。我国产业结构的高级化，应按不同的地区发展水平分层次高级化。发达地区要逐步形成资金密集型和技术密集型为主体的产业结构，并使新兴产业和高技术产业初具规模。落后地区要以第一次产业和轻工业相互依托的方式实现轻工业的大发展，形成以劳动密集型为主体的产业结构。这样，在总体上就能形成以高技术产业为先导，资金密集型产业为骨干，劳动密集型产业为基础的合理产业结构。

### 3. 改善消费结构

适当的消费水平和合理的消费结构，也是提高经济效益的一个重要条件。

我们要根据人们生活的需要来组织生产。但同时也要根据生产发展的可能来确定消费水平，并对消费结构进行正确的引导和调节，不能盲目追随外国的消费结构和消费方式。根据我国人口众多而资源相对不足的国情，我们应该选择适合我国国情的消费模式。

在吃的方面，要同我国农业资源的特点和农业生产力水平相适应。在住的方面，要实行住宅商品化，加大"住"的消费支出比重。在用的方面，要同我国产业结构转换速度和技术水平相适应，需求"热点"的转移不能过于迅速，购买洪峰不能过于集中，要考虑产品的正常寿命曲线和产业之间的相关效应。在今后一段时间内，应以中档耐用消费品为主，而不能以高档豪华耐用消费品为主。

## 第三节 宏观经济管理中的市场环境

### 一、完整的市场体系

一个完整的市场体系是由各种生活资料和生产要素的专业市场构成的。因为人们之间的经济关系是贯穿于整个社会再生产过程中的，既包括消费也包括生产，所以市场关系是通过各种与社会再生产过程有关的要素的交换表现出来的，完整的市场关系应该是一个由各种要素市场构成的体系。一般来说，它包括商品（消费品和生产资料）市场、技术市场、劳动力市场和资金市场。

#### （一）商品市场

商品市场是由以实物形态出现的消费资料和生产资料市场构成的，它是完整的市场体系的基础。

作为基础产品和中间产品的生产资料市场与社会生产有着重大的直接联系。生产资料市场既反映生产资料的生产规模和产品结构，又对整个固定资产规模及投资效果起制约作用，同时也为新的社会扩大再生产提供必要条件和发挥机制调节作用。因此，生产资料市场实际上是经济运行主体的轴心。

作为最终产品的消费品市场与广大居民生活有着极为密切的关系。该市场的参与者是由生产者和消费者共同构成的，小宗买卖与现货交易较为普遍，交易的技术性要求较低，市场选择性较强。消费品市场不仅集中反映了整个国民经济发展状况，而且涉及广大居民物质和文化生活的所有需求，是保证

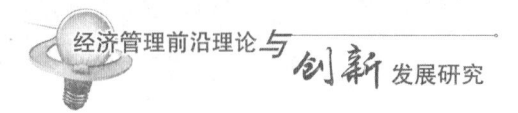

劳动力简单再生产和扩大再生产的重要条件。因此，消费品市场对整个国民经济发展有重要影响。

生产资料市场与消费品市场虽然有重大的区别，但两者都是以实物形态商品为交换客体的，具有同一性，并以此区别于其他专业市场。

## （二）技术市场

技术市场按其经济用途可细分为初级技术市场、配套技术市场和服务性技术市场。这些市场促使技术商品的普遍推广和及时应用，推动技术成果更快地转化为生产力。

由于技术商品是一种知识形态的特殊商品，所以技术市场的运行具有不同于其他专业市场的特点。

### 1. 技术市场存在着双重序列的供求关系

技术市场存在着双重序列的供求关系，即技术卖方寻求买方的序列和技术买方寻求卖方的序列。这是因为技术商品有其特殊的生产规律：一方面是先有了技术成果，然后设法在生产过程中推广应用；另一方面是生产发展先提出开发新技术的客观要求，然后才有技术成果的供给。这两种相反的供求关系序列，都有一个时滞问题，从而难以从某个时点上确定市场的供求性状。在技术市场上，供不应求与供过于求，总是同时存在的。

### 2. 市场的卖方垄断地位具有常态性

由于技术商品具有主体知识载体软件等特征，再生产比第一次生产容易得多，所以为保护技术商品生产者的利益，鼓励技术商品生产，在一定时期内技术商品要有垄断权。它不允许别人重复生产以前已经取得的技术成果，否则就将受到法律制裁。在一般情况下，每一技术商品都应具有独创性，同一技术商品不允许批量生产。因此，在技术市场上，同一技术商品的卖方是独一无二的，不存在同一技术商品卖方之间的竞争，相反同一技术商品的买方则是众多的，存在着买方之间的竞争，从而在总体上是卖方垄断市场。

### 3. 市场的交易具有较大的随意性

由于技术商品的使用价值是不确定的，客观上并不能全部转化为生产力；技术商品的价值也不具有社会同一尺度，不存在同一技术商品的劳动比较的可能性，只能转借技术商品使用后的效果来评价，所以在市场交易时主要由供求关系决定其价格。

### 4. 市场的交易形式较多的是使用权让渡

由于技术商品作为知识信息具有不守恒性，即它从一个人传递到另一个人，一般都不使前者丧失所传递的信息，因而技术商品的生产者往往在一定时期内，只让渡技术的使用权，而不出卖其所有权。这样，根据技术商品的传递特点，生产者就可以向多个需求者让渡其技术使用权，这是其他专业市场所不具有的交易方式。

### （三）劳动力市场

劳动力市场在商品经济发展中起着重要作用。它使劳动力按照供求关系的要求进行流动，有利于劳动力资源的开发和利用，以满足各地区、各部门和各企业对劳动力的合理需求，实现劳动力与生产资料在质和量两方面的有机结合。同时，劳动力市场的供求竞争也有利于消除工资刚性和收入攀比的弊端，调整收入分配关系，促使劳动者不断提高自身素质，发展社会所需要的技能。

### （四）资金市场

在发达的商品经济中，资金市场是市场体系的轴心。资金市场按期限长短可细分为货币市场和资本市场。前者主要用来调节短期资金。它通过银行之间的拆放、商业票据的贴现、短期国库券的出售等方式，融通短期资金，调剂资金余缺，加快资金周转，提高资金利用率。后者主要是用来进行货币资金的商品化交易，把实际储蓄转变为中长期的实际投资。它通过储蓄手段吸收社会多余的货币收入，通过发行公债、股票、债券等形式筹集长期资金，通过证券交易流通创造虚拟信贷资金，从而加速资金积累与集中，为社会再生产规模的扩大创造条件。

在资金市场上，信贷资金作为商品，既不是被付出，也不是被卖出，而只是被贷出，并且这种贷出是以一定时期后本金和利息的回流为条件的，从而资金商品具有二重价值，即资金本身的价值和增值的价值。此外，资金商品的贷出和流回，只表现为借贷双方之间法律契约的结果，而不表现为现实再生产过程的归宿和结果。因此，资金市场的运行也有自身的特殊性。

### 1. 市场的供求关系缺乏相对稳定性

在资金市场上，对于同一资金商品，一个人可以扮演既是供给者，又是需求者的双重角色，所以市场的供求对象没有相对稳定的分工。这种供求两极一体化的倾向，使市场的供求关系极为复杂多变，不可能建立较为固定的

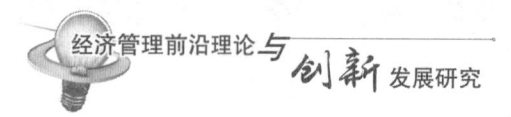

供求业务和供求渠道。

### 2. 市场的运行建立在信用投机的支点上

资金市场所从事的是信用活动。任何信用，都具有风险性，有风险就必然有投机。信用投机，尤其是技术性投机，承担了别人不愿承担的风险，提供了头寸，使市场更加活跃，具有灵活性，使资金更具有流动性，使市场的资金价格趋于稳定。

### 3. 市场的流通工具和中介机构作用重大

资金市场的交易，除少数直接借贷的债权债务关系外，大多数要以信用工具作为媒介。然而，那些国债、公司债、股票、商业票据、银行承兑汇票和可转让大额定期存单等信用工具，则要通过一系列商业银行、储蓄机构、投资公司、保险公司、证券交易所等中介机构来实现。

### 4. 市场活动的虚拟性创造

资金市场的信用活动，既不是商品形态变化的媒介，又不是现实生产过程的媒介，它的扩大和收缩并不以再生产本身的扩大和停滞为基础。这种信用活动创造了虚拟资金，加速了整个再生产过程。

## （五）市场体系的结构均衡性

作为一个市场体系，不仅是全方位开放的市场，而且各个市场之间存在着结构均衡的客观要求。这是市场主体之间经济关系得以完整反映的前提，也是宏观间接控制的必要条件。

### 1. 市场门类的完整性

在商品经济条件下，市场是人们经济活动的主要可能性空间。在这个活动空间中，人们不仅要实现商品的价值，更为重要的是，人们为价值创造而进行生产要素配置。价值实现与价值创造的一致性，要求市场必须全方位开放，具有完整性。残缺的市场体系不仅使现有的市场不能充分发挥作用，而且会妨碍整个经济运行一体化。

### 2. 市场规模的协调性

一个市场体系的功能优化不在于某类市场规模的大小，而在于各类市场规模的协调效应。所以，各类市场的活动量必须彼此适应，协调有序。任何一类市场的"规模剩余"和"规模不足"都将导致市场体系结构失衡及其功能的衰减。

### 3. 市场信号的协同性

各类市场之间的联系程度取决于市场信号之间的协同能力。只有当某一市场信号能及时转换成其他市场的变化信号，产生市场信号和谐联动时，市场体系才具有整体效应，从而才能对经济进行有效调节。

总之，市场体系的结构完整和均衡，是市场活动正常进行的基本条件，也是间接控制的必要条件之一。否则，间接控制就无法从总体上把握经济运行的状况，也无法综合运用各种经济杠杆进行宏观调控。

## 二、买方的市场主权

在市场竞争关系中，商品供给等于某种商品的卖者或生产者的总和，商品需求等于某种商品的买者或消费者的总和。这两个总和作为两种力量集合互相发生作用，决定着市场主权的位置：以买方集团占优势的"消费者主权"或者以卖方集团占优势的"生产者主权"。这两种不同的竞争态势，对整个经济活动有不同的影响。宏观间接控制所要求的是"消费者主权"的买方市场。

### （一）市场主权归属的决定机制

在买方与卖方的竞争中，其优势的归属是通过各自集团内部的竞争实现的。因为竞争关系是一种复合关系，即由买方之间争夺同一卖方的竞争和卖方之间争夺同一买方的竞争复合而成。买方之间的竞争，主要表现为竞相购买自己所需的商品；卖方之间的竞争，主要表现为竞相推销自己所生产的商品。在这一过程中，究竟哪一方能占据优势，掌握市场主权，取决于双方的内部竞争强度。如果买方之间的竞争强度大，消费者竞相愿出更高的价钱来购买商品，必然会抬高商品的售价，使卖方处于优势地位。如果卖方之间的竞争强度大，生产者彼此削价出售商品，则必然会降低商品的售价，使买方处于优势地位。一般来说，决定竞争强度的因素有两方面。

#### 1. 供求状况

市场上商品供过于求，卖方之间争夺销售市场的竞争就会加剧，商品售价被迫降低。与此相反，市场上商品供不应求，买方之间争购商品的竞争就会加剧，哄抬商品价格上升。

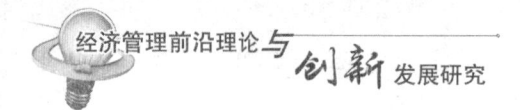

### 2. 市场信息效率

市场的商品交换是以信息交流为前提的，商品信息量越大，商品交换的选择度越高，被排除的可能选择就越多，从而使竞争加剧。所以，市场信息效率对竞争强度有直接影响。在供求状况不变时，市场信息效率不同，竞争强度也会发生变化。

总之，供求状况和市场信息效率共同决定着竞争强度，买方之间与卖方之间的竞争强度的比较，决定了市场主权的归属。

## （二）市场主权不同归属的比较

市场主权归属于买方还是卖方，其结果是截然不同的。生产者之间竞争强度的增大，会促使生产专业化的发展，有利于商品经济的发展；而消费者之间竞争强度的增大，则迫使大家自给自足地生产，不利于商品经济的发展。因此，"消费者主权"的买方市场较之"生产者主权"的卖方市场有更多的优越性，具体表现在以下几点。

### 1. 消费者控制生产者有利于实现生产目的

在生产适度过剩的情况下，消费者就能扩大对所需商品进行充分挑选的余地。随着消费者选择的多样化，消费对生产的可控性日益提高，生产就不断地按照消费者的需要进行。与此相反，卖方市场是生产者控制消费者的市场。在有支付能力的需求过剩的情况下，生产者生产什么，消费者就只能消费什么；生产者生产多少，消费者就只能消费多少。消费者被迫接受质次价高、品种单调的商品，其正当的权益经常受到损害。

### 2. 买方宽松的市场环境有利于发挥市场机制的作用

在平等多极竞争中，产品供给适度过剩，可以提高市场信息效率，使价格信号较为准确地反映供求关系，引导资金的合理投向，使短线产品的生产受到刺激，长线产品的生产受到抑制。在产品供给短缺时，强大的购买力不仅会推动短线产品价格上涨，而且也可能带动长线产品价格上涨，市场信息效率低下，给投资决策带来盲目性。

### 3. 消费者主权有利于建立良性经济环境

产品供给适度过剩将转化为生产者提高效率的压力，生产效率的提高将使产品价格下降，从而创造出新的大量需求，使供给过剩程度减轻或消失。随着生产效率的进一步提高，又会形成新的生产过剩，这又将造成效率进一步提高的压力，结果仍是以创造新需求来减缓生产过剩。因此，在这一循环中，始终伴随着生产效率的不断提高和新需求的不断创造。在卖方市场中，质次价高的商品仍有销路，效率低下的企业照样生存，缺乏提高效率、降低价格和创造新需求的压力，总是保持着供不应求的恶性循环。

**4. 消费者主权有利于资源利用的充分选择**

生产者集团内部竞争的强化，将推动生产者采用新技术和先进设备，改进工艺，提高质量，降低成本，并促使企业按需生产，使产品适销对路。消费者集团内部竞争的强化，将使企业安于现状，不仅阻碍新技术和新设备的采用，还会把已经淘汰的落后技术和陈旧设备动员起来进行生产，这势必造成资源浪费，产品质量低下。同时，强大的购买力也会助长生产的盲目性，造成大量的滞存积压产品。可见，消费者主权的买方市场在运行过程中具有更大的优越性。

### （三）买方市场的形成

形成买方市场有一个必要前提条件，就是在生产稳定发展的基础上控制消费需求，使之有计划地增长。也就是说，生产消费的需求必须在生产能力所能承受的范围之内，否则生产建设规模过度扩张，就会造成生产资料短缺；生活消费的增长必须以生产力的增长为前提，否则生活消费超前，就会造成生活资料短缺。

在市场信息效率既定的条件下，总体意义上的买方市场可以用总供给大于总需求来表示。由于总供给与总需求的关系受多种因素影响，其变化相当复杂，所以判断总体意义上的买方市场是比较困难的。一般来说，总量关系的短期变化可能与政策调整有关，总量关系的长期趋势则与体制因素相联系。例如，在传统社会主义体制下，企业预算约束软化导致的投资饥渴症和扩张冲动，使总量关系呈现常态短缺，尽管在短期内，采取紧缩政策对总量关系进行强制性调整，有可能在强烈摩擦下压缩出一个暂时性的买方市场，但不可能从根本上改变卖方市场的基本格局。因此，要形成总体意义上的买方市场，必须从体制上和政策上同时入手，通过政策调整使总需求有计划地增长，为体制改革奠定一个良好的基础，通过体制改革消除需求膨胀机制，提高社会总供给能力，最终形成产品绝对供应量大于市场需求量的买方市场。

总体意义上的买方市场虽然在某种意义上反映了消费者主权，但它并没有反映产品的结构性矛盾。如果大部分有支付能力的需求所对应的是供

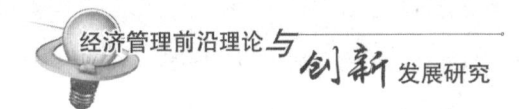

给短缺的商品，而大量供给的商品所对应的是有效需求不足的购买力，那么即使存在总体意义上的买方市场，也无法保证消费者市场的主体地位。因为从结构意义上考察，有相当部分的供给都是无效供给，真正的有效供给相对于市场需求仍然是短缺的，实质上还是卖方市场。所以，完整的买方市场是总量与结构相统一的供大于求的市场。结构意义上的买方市场的形成，主要在于产业结构与需求结构的协调性。一般来说，当一个国家的经济发展达到一定的程度，基本解决生活温饱问题后，需求结构将产生较大变化，如果产业结构不能随之调整，就会导致严重的结构性矛盾。因此，关键在于产业结构转换。但由于生产要受到各种物质技术条件的约束，产业结构的转换具有较大刚性，所以也要调整需求结构，使之有计划地变化，不能过度迅速和超前。

个体意义上的买方市场形成，在很大程度上取决于具体商品的供需弹性。一般来说，供给弹性小的商品，容易形成短期的买方市场。需求弹性小的商品，如果需求量有限，只要生产能力跟得上，还是容易形成买方市场的。需求弹性大的商品，一般有利于形成买方市场，但如果受生产能力的制约，尽管需求量有限，也不易形成买方市场。需求弹性大，供给弹性小的商品，因销售者不愿库存商品，宁愿削价出售，在一定程度上有利于买方市场的形成。需求弹性大，供给弹性也较大的商品，如服装等，则主要取决于需求量与生产量的关系，只要社会购买力有一定限量，生产能力跟得上，就有可能形成买方市场。

买方市场形成的历史顺序，一般是先生产资料市场，后生活资料市场。这是因为生产资料是生活资料生产加速发展的基础，首先形成生产资料买方市场，有利于生活资料买方市场的发育。如果反历史顺序，在消费需求总量既定的前提下，那些需求弹性大的生活资料也可能形成买方市场，但这是不稳定的，并且首先形成的生活资料买方市场不利于推动生产资料买方市场的发育。因为消费品生产部门发展过快超过基础设施的承受能力，能源、交通和原材料的供应紧张就会严重影响消费品生产部门，使这些部门的生产能力闲置，开工不足，最终导致生活资料买方市场向卖方市场的逆转。同时，强大的消费品生产加工能力加剧了对生产资料的争夺，使生产资料市场难以转向买方市场。

因此，我们应在稳步提高人们生活水平的前提下，注重发展基础工业，重视基础设施建设，以带动直接生产部门的生产，这有利于生产资料买方市场的形成，使生活资料买方市场建立在稳固的基础之上。

## 三、多样化的市场交换方式

多样化的市场交换方式是较发达市场的基本标志之一，是市场有效运行的必要条件。它反映了市场主体之间复杂的经济关系和联结方式。各种不同功效的市场交换方式的组合，使交换过程的连续性与间断性有机地统一起来，有利于宏观间接控制的有效实施。多样化的市场交换方式包括现货交易、期货交易和贷款交易三种基本类型。

### （一）现货交易市场

现货交易是买卖双方成交后即时或在极短期限内进行交割的交易方式。

**1. 现货交易的基本特性**

现货交易的基本特性表现为：①它是单纯的买卖关系，交换双方一旦成交，便"银货两清"，不存在其他条件的约束。②买卖事宜的当即性，交换双方只是直接依据当时的商品供求状况确定商品价格和数量，既不能预先确定，也不能事后了结。③买卖关系的实在性，成交契约当即付诸实施，不会出现因延期执行所造成的某种虚假性。现货交易方式，无论从逻辑上，还是历史上来说，都是最古老、最简单、最基本的交换方式。因为大部分商品按其自身属性来说，适宜于这种交换方式。

**2. 现货交易对商品经济的调节**

现货交易市场是建立在由生产和消费直接决定的供求关系基础上的，其最大的特点是随机波动性。市场价格和数量都不能预先确定，而要根据即时供求关系确定。人们对未来商品交易价格和数量的预期，也只是以当前的价格和数量以及其他可利用的资料为基础。这一特点使现货交易市场对商品经济运行具有灵活的调节作用，具体表现在：①有利于竞争选择，释放潜在的经济能量。市场的波动性是实行竞争选择的前提条件之一。市场的波动越大，竞争选择的范围越广，竞争选择的强度越大，所以现货交易市场的竞争选择机制作用较为明显。②有利于掌握真实的供求关系，对经济活动进行及时的反馈控制。除了投机商人囤货哄价，在一般情况下，现货交易价格信号能比较直接地反映实际供求状况，并且反应较为灵敏。这有助于企业对自身的经营做出及时调整，也便于政府及时采取相应的经济手段调控市场。③有助于及时改善供求关系，防止不良的扩散效应和联动效应。由于现货交易关系比较单一和明朗，该市场的价格波动往往具有暂时性和局部性，至多波及某些替代商品和相关商品的供求关系，不会引起强烈的连锁反应。

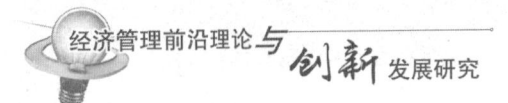

当然，现货交易方式也有其消极作用。在现货交易市场上，当前供求的均衡是通过无数次偶然性的交换达到的，市场价格的涨落幅度较大，价格信号较为短促，市场风险较大。这些容易引起企业行为短期化，投资个量微型化，投资方向轻型化等倾向，不利于经济的稳定发展。

## （二）期货交易市场

期货交易是先达成交易契约，然后在将来某一日期进行银货交割的交易方式。

### 1. 期货交易的基本特性

期货交易的基本特性表现为：①它不仅是买卖关系，而且还是一种履行义务的关系，即买进期货者到期有接受所买货物的义务，卖出期货者到期有支付所卖货物的义务。②对于期货交易来说，成交仅仅意味着远期交易合同的建立，只有到了未来某一时点的银货交割完毕，交易关系才算终结，从成交到交割要延续一段时间。③期货买卖成交时，并不要求买卖双方手头有现货，不仅如此，在未到交割期以前，买卖双方还可以转卖或买回。所以期货交易具有投机性，会出现买进卖出均无实物和货款过手的"买空卖空"。

### 2. 期货交易市场的组成

套期保值者和投机者都是期货交易市场的主要人群，前者参与期货交易是为了减少业务上的风险，后者参与期货交易是为了牟取利润而自愿承担一定的风险。在该市场上，投机者是必不可少的。首先，由于商品的出售是"惊险的一跃"，套期保值者更愿意销售期货，如果期货市场全由套期保值者组成，则购买期货的需求一方总是相对微弱的，所以需要通过投机者的活动来调整期货供求之间的不平衡。其次，由于套期保值者不愿承担风险，单由他们的交易而达成的期货价格通常是不合理的，要大大低于一般预期价格。当投机者参与市场活动后，只要期货价格低于他们的预期价格，他们就会买进期货以牟取利润，这种敢于承担风险的行为会把期货价格提高到一个更为合理的水平。因此期货市场必须由这两部分人组成，才具有合理性、流动性和灵活性。

### 3. 预期确定性

期货交易市场是建立在未来供求关系预先确定基础上的，其最大特点是预期确定性。期货市场的特点决定了它对经济运行的稳定性具有积极作用，具体表现在：①有利于生产者转移风险、套期保值，保证再生产过程的正常进行。生产者通过出售或购进期货，就可以避免市场价格波动带来的损失，例如就销售者来说，如果期内价格下跌，并反映在期货价格上，期货合同的收益将有助于弥补实际销售因价格下跌带来的损失。如果期内价格上涨，期货头寸的损失同样会由实际销售因价格上涨带来的收益所抵补。这样，生产者就能免受市场风险干扰而安心生产。②有利于市场价格的稳定，减轻市场波动。在该市场上，投机者利用专门知识对商品期货价格做出预测，并承担价格风险进行"多头"和"空头"的投机活动。当供给的增加会引起价格大幅度下降时，他们就买进存货并囤积起来，以便在以后以有利的价格抛出，这样就维持了现期价格。当供给短缺时，他们抛出存货，因而防止了价格猛涨。③有利于提高市场预测的准确度，产生对将来某一时点上的收益曲线形状和价格水平的较为合理的预期。期货价格反映了许多买方与卖方对今后一段时间内供求关系和价格状况的综合看法。这种通过把形形色色的个别分散的见解组合成一个易识别的预测量，虽然不能说是完全正确的，但总比个别的一次性的价格预测更准确和更有用。④有利于完善信息交流，促进市场全面竞争。期货市场作为买卖双方为未来实际交易而预先签订契约的中心，不仅使买卖双方互相了解其对方的情况，减少了互相寻找的盲目性，而且使各种短期与长期的信息大量汇集，扩大了可利用的市场信息范围。

期货交易市场虽然有利于消除因人们对商品价格和数量预期不一致所引起的不均衡，但它仍然不可能消除由于社会需求心理或资源不可预料的变化而产生的不均衡，以致人们经常发现自己不愿意或不能够购销他们曾经计划购销的商品而不得不另行增加现货交易，或用现货交易抵销合同。另外期货市场也具有某种负效应的调节作用，如对期货价格的投机也许会成为支配价格的真实力量，从而价格就会因投机者操纵而剧烈波动，对经济产生危害。

### （三）贷款交易市场

贷款交易是通过信贷关系所进行的商品交易，它反映了银货交割在时间上的异步性，即市场主体之间成交后，或者是以现在的商品交付来换取将来收款的约定；或者是以现在的货币交付来换取将来取货的约定。前者称为延期付款交易，后者称为预先付款交易。

延期付款交易有助于刺激有效需求，适宜于商品供大于求状况；预先付款交易有助于刺激有效供给，适宜于商品供不应求状况。这两种交易方式都是一笔货币贷款加上一宗商品交换，所不同的是：前者是卖方贷款给买方所进行的现货交易，属于抵押贷款，以卖方保留商品所有权为基础；后者是买方贷款给卖方所进行的期货交易，属于信用贷款，以卖方的信用为基础。

可见，贷款交易无非是在现货和期货交易基础上又增加了借贷关系的交易方式。这是一种更为复杂的交易方式，它具有以下基本特性：①在商品交换关系中渗透着借贷的债权债务关系，现期交付货物或货款的一方是债权人，远期交付货款或货物的一方则是债务人。他们在商品交换中也就实现了资金融通。②贷款交易在完成一般商品交换的同时提供了信贷，从而使受贷者在商品交换中获得提前实现商品使用价值或价值的优惠，即买方受贷者能提前实现商品使用价值的消费，卖方受贷者能提前实现商品的价值。③贷款交易虽然是成交后其中一方的货物或货款当即交付，但另一方的货款或货物交付总是要延续到以后某一日期才完成。

贷款交易市场是建立在再生产过程中直接信用基础上的，其最大的特点是信用关系连锁性。在该市场的商品交换中，借贷关系随着商品生产序列和流通序列不断发生，从而会使彼此有关的部门和行业连接起来。贷款交易市场的这一特点，使它对经济运行具有较大的弹性调节作用。

**1. 有利于调节供给与需求在时间上的分离**

当供求关系在时间序列上表现为不平衡时，或者采取商品的出售条件按照商品的生产条件来调节的办法，使需求提前实现；或者采取商品的生产条件按照商品的出售条件来调节的办法，使生产按需进行。这样就可以使再生产避免因供求在时间上的分离所造成的停顿。

**2. 有利于调节短期的资金融通**

贷款交易利用商品交换关系实现买方与卖方之间的信贷，提供短期的资金融通，使大量分散的短期闲置资金得以充分利用。

**3. 有利于搞活流通**

贷款交易市场用短期信贷关系弥补货物或货币缺口，使商品交换关系得以建立，这不仅扩大了商品销售，活跃了流通，而且也加强了交易双方的经济责任，从而有力地促进了消费和投资。

**4. 有利于促进银行信用的发展**

贷款交易市场上的商业信用是与现实再生产过程直接相联系的，它是整个信用制度的基础。贷款交易市场的扩大，必然推动银行间接信用的发展，这是因为：一方面商业信用为了保证其连续性，需要银行做后盾；另一方面商业票据作为信用货币要到银行去贴现。

当然,贷款交易市场中的信用关系仅限于买卖双方,其活动范围是有限的,而且它在经济系统的不确定因素冲击下往往显得很脆弱,容易产生连锁性的信用危机,直接影响再生产过程的顺利进行。

# 第五章 经济管理创新的微观视角

从本质上说，微观经济学是一门描述和解释微观经济现象的学科，它并不能提供任何现成的可以拿来就用的结论。以微观视角进行的经济管理研究，其研究的对象是单个经济单位的经济行为，主要包括单个消费者、单个生产者、单个市场，因此，微观视角下的经济管理创新研究，不仅为企业经营管理决策提供了许多有益的视角，也为企业提供了许多进行最优化决策的工具。本章基于消费者、生产者和市场的基本理论，从需求、供给的分析入手，讨论市场均衡价格的决定过程，辅以政府政策对市场均衡价格影响的研究，以此来对市场运行机制进行总体考察。

## 第一节 消费者、生产者与市场

### 一、消费者理论

#### （一）消费者行为理论模型

**1. 彼得模型**

彼得模型俗称轮状模型图，是在消费者行为概念的基础上提出来的。它认为消费者行为和感知与认知，行为和环境与营销策略之间是互动和互相作用的。彼得模型可以在一定程度感知与认知上解释消费者行为，帮助企业制定营销策略。消费者行为分析轮状模型图，包括感知与认知、行为、环境、营销策略四部分内容，如下所示。

①感知与认知是指消费者对于外部环境的事物与行为刺激可能产生的人心理上的两种反应，感知是人对直接作用于感觉器官（如眼睛、耳朵、鼻子、嘴、手指等）的客观事物的个别属性的反映。认知是人脑对外部环境做出反应的各种思想和知识结构。

②行为，即消费者在做什么。

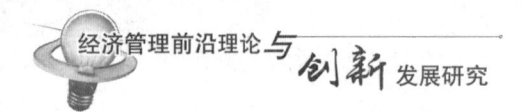

③环境是指消费者的外部世界中各种自然的、社会的刺激因素的综合体。例如，政治环境、法律环境、文化环境、自然环境、人口环境等。

④营销策略指的是企业进行的一系列的营销活动，包括战略和营销组合的使用，消费者会采取一种什么样的购买行为，与企业的营销策略有密切的关系。感知与认知、行为、营销策略和环境四个因素有着本质的联系。

感知与认知是消费者的心理活动，心理活动在一定程度上会决定消费者的行为。通常来讲，有什么样的心理就会有什么样的行为。相对应的，消费者行为对感知也会产生重要影响。营销刺激和外在环境也是相互作用的。营销刺激会直接地形成外在环境的一部分，而外面的大环境也会对营销策略产生影响。感知与认知、行为与环境、营销策略是随着时间的推移不断地产生交互作用的。消费者的感知与认知对环境的把握是营销成功的基础，而企业的营销活动又可以改变消费者行为、消费者的感知与认知等。但不可否认，营销策略也会被其他因素所改变。

### 2. 霍金斯模型

霍金斯模型是由美国心理与行为学家 D.I. 霍金斯提出的，是一个关于消费者心理与行为和营销策略的模型，此模型是将心理学与营销策略整合的最佳典范。

霍金斯模型，即消费者决策过程的模型，是关于消费者心理与行为的模型，该模型被称为将心理学与营销策略整合的最佳典范。

霍金斯认为，消费者在内外因素影响下形成自我概念（形象）和生活方式，然后消费者的自我概念和生活方式导致一致的需要与欲望产生，这些需要与欲望大部分要求以消费行为获得满足与体验。同时这些也会影响今后的消费心理与行为，特别是对自我概念和生活方式起调节作用。

自我概念是一个人对自身一切的知觉、了解和感受的总和。生活方式是指人如何生活。一般而言，消费者在外部因素和内部因素的作用下首先形成自我概念和自我意识，自我概念再进一步折射为人的生活方式。人的自我概念与生活方式对消费者的消费行为和选择会产生双向的影响：人们的选择对其自身的生活方式会产生莫大的影响，同时人们的自我概念与现在的生活方式或追求的生活方式也决定了人的消费方式、消费决策与消费行为。

另外，自我概念与生活方式固然重要，但如果消费者处处根据其生活方式而思考，这也未免过于主观，消费者有时在做一些与生活方式相一致的消费决策时，自身却浑然不觉，这与参与程度有一定的关系。

### 3. 刺激—反应模型

（1）刺激—中介—反应模型

这一模型是人的行为在一定的刺激下通过活动，最后产生反应。它是人类行为的一般模式，简称 SOR 模型。SOR 模型早在 1974 年由梅拉比安和拉塞尔提出，最初用来解释、分析环境对人类行为的影响，后作为环境心理学理论被引入零售环境中。

任何一位消费者的购买行为，均是来自消费者自身内部的生理、心理因素或是在外部环境的影响下而产生的刺激带来的行为活动。消费者的购买行为，其过程可归结为消费者在各种因素刺激下，产生购买动机，在动机的驱使下，做出购买某商品的决策，实施购买行为，再形成购后评价。消费者购买行为的一般模式是营销部门计划扩大商品销售的依据。营销部门要认真研究和把握购买者的内心世界。

消费者购买行为模式是对消费者实际购买过程进行形象说明的模式。所谓模式，是指某种事物的标准形式。消费者购买行为模式是指用于表述消费者购买行为过程中的全部或局部变量之间因果关系的图式理论描述。

（2）科特勒的刺激—反应模型

美国著名市场营销学家菲利普·科特勒教授认为，消费者购买行为模式一般由前后相继的三个部分构成，科特勒的刺激—反应模式清晰地说明了消费者购买行为的一般模式：刺激作用于消费者，经消费者本人内部过程的加工和中介作用，最后使消费者产生各种外部的与产品购买有关的行为。因此，该模式易于掌握和应用。

## （二）消费者购买决策理论

### 1. 习惯建立理论

该理论认为，消费者的购买行为实质上是一种习惯建立的过程。习惯建立理论的主要内容如下。

①消费者对商品的反复使用形成兴趣与喜好。

②消费者对购买某一种商品的"刺激—反应"的巩固程度。

③强化物可以促进习惯性购买行为的形成。任何新行为的建立和形成都必须使用强化物，而且，只有通过强化物的反复作用，才能使一种新的行为产生、发展、完善和巩固。

习惯建立理论提出，消费者的购买行为，与其对某种商品有关信息的了解程度关联不大，消费者在内在需要激发和外在商品的刺激下，购买了该商品并在使用过程中感觉不错（正强化），那么他可能会再次购买并使用。消费者多次购买某商品，带来的都是正面的反映，购买、使用都是愉快的经历，那么在多种因素的影响下，消费者逐渐形成了一种固定化反应模式，即消费习惯。具有消费习惯的消费者在每次产生消费需要时，首先想到的就是习惯购买的商品，相应的购买行为也就此产生。因此，消费者的购买行为实际上是重复购买并形成习惯的过程，是通过学习逐步建立稳固的条件反射的过程。

以习惯建立理论的角度来看存在于现实生活中的许多消费行为，可以得到消费行为的解释，消费者通过习惯理论来购入商品，不仅可以最大限度地节省选择商品的精力，还可以避免产生一些不必要的风险。当然，习惯建立理论并不能解释所有的消费者购买行为。

### 2. 效用理论

效用概念最早出现于心理学著作中，用来说明人类的行为可由追求快乐、避免痛苦来解释，后来这一概念成为西方经济学中的一个基本概念，偏好和收入的相互作用导致人们做出消费选择，而效用则是人们从这种消费选择中获得的愉快或者需要满足。通俗地说就是一种商品能够给人带来多大的快乐和满足。

效用理论把市场中的消费者描绘成"经济人"或理性的决策者，从而给行为学家很多启示：首先，在商品经济条件下，在有限货币与完全竞争的市场中，"效用"是决定消费者追求心理满足和享受欲望最大化的心理活动过程。其次，将消费者的心理活动公式化、数量化，使人们便于理解。但需要指出的是，作为一个消费者，他有自己的习惯、价值观和知识经验等，受这些因素的限制，他很难按照效用最大的模式去追求最大效益。

### 3. 象征性社会行为理论

象征性社会行为理论认为任何商品都是社会商品，都具有某种特定的社会含义，特别是某些专业性强的商品，其社会含义更明显。消费者选择某一商标的商品，主要依赖于这种商标的商品与自我概念的一致（相似）性，也就是所谓商品的象征意义。商品作为一种象征，表达了消费者本人或别人的想法，有人曾说："服饰最初只是一个象征性的东西，穿着者试图通过它引起别人的赞誉。"有利于消费者与他人沟通的商品是最可能成为消费者自我象征的商品。

### 4. 认知理论

心理学中认知的概念是指过去感知的事物重现面前的确认过程，认知理论是 20 世纪 90 年代以来较为流行的消费行为理论，认知理论把顾客的消费行为看成一个信息处理过程，顾客从接受商品信息开始直到最后做出购买行为，始终与对信息的加工和处理直接相关。这个对商品信息的处理过程就是消费者接收、存储、加工、使用信息的过程，它包括注意、知觉、表象，记忆、思维等一系列认知过程。顾客认知的形成，是由引起刺激的情景和自己内心的思维过程造成的，同样的刺激，同样的情景，对不同的人往往产生不同的效果。认知理论指导企业必须尽最大努力确保其商品和服务在顾客心中形成良好的认知。

### （三）消费者行为的影响因素

影响消费者行为的因素主要有两种，分别是个人内在因素与外部环境因素，在此基础上，还可以继续进行细分，将个人内在因素划分为生理因素与心理因素；将外部环境因素划分为自然环境因素和社会环境因素。可以说消费者行为的产生，是消费者个人与环境交互作用的结果。消费者个人内在因素与外部环境因素，直接影响着和制约着消费者行为的行为方式、指向及强度。

### （四）消费者购买决策的影响因素

#### 1. 他人态度

他人态度是影响购买决策的重要因素之一。他人态度对消费者购买决策的影响程度，取决于他人反对态度的强度及对他人劝告的可接受程度。

#### 2. 预期环境因素

消费者购买决策要受到产品价格、产品的预期收益、本人的收入等因素的影响，这些因素是消费者可以预测到的，被称为预期环境因素。

#### 3. 非预期环境因素

消费者在做出购买决策过程中除了受到以上因素影响外，还要受到营销人员态度、广告促销、购买条件等因素的影响，这些因素难以预测到，被称为非预期环境因素，它往往与企业营销手段有关。因此，在消费者的购买决策阶段，营销人员一方面要向消费者提供更多的、详细的有关产品的信息，便于消费者比较优缺点；另一方面，则应通过各种销售服务，促成方便顾客购买的条件，加深其对企业及商品的良好印象，促使消费者做出购买本企业商品的决策。

## 二、生产者理论

生产者理论主要研究生产者的行为规律，即在资源稀缺的条件下，生产者如何通过合理的资源配置，实现利润最大化。广义的生产者理论涉及这样三个主要问题：第一，投入要素与产量之间的关系。第二，成本与收益的关系。第三，垄断与竞争的关系。以下重点分析第一个问题，即生产者如何通过生产要素与产品的合理组合实现利润最大化。生产是对各种生产要素进行组合以制成产品的行为。在生产中要投入各种生产要素并生产出产品，所以，生产也就是把投入变为产出的过程。

### （一）生产者

生产是厂商对各种生产要素进行合理组合，以最大限度地生产出产品产量的行为过程。生产要素的数量、组合与产量之间的关系可以用生产函数来表现。因此，在具体分析生产者行为规律之前，有必要先介绍厂商生产要素、生产函数等相关概念。厂商在西方经济学中，乃生产者，即企业，是指能够独立做出生产决策的经济单位。在市场经济条件下，厂商作为理性的"经济人"所追求的生产目标一般是利润最大化。厂商可以采取个人性质、合伙性质和公司性质的经营组织形式。在生产者行为的分析中，经济学家经常假设厂商总是试图谋求最大的利润（或最小的亏损）。基于这种假设，就可以对厂商所要生产的数量和为其产品制定的价格做出预测。当然，经济学家实际上并不认为追求利润最大化是人们从事生产和交易活动的唯一动机。企业家还有其他的目标，比如，企业的生存、安逸的生活，以及优厚的薪水等况且要计算出正确的最大利润化也缺乏资料。尽管如此，从长期来看，厂商的活动看起来很接近于追求最大利润。特别是，如果要建立一个简化的模型，就更有理由认为厂商在制定产量时的支配性动机是追求最大利润。即使在实际生活中企业没有追求或不愿追求利润最大化，利润最大化至少可以作为一个参考指标去衡量其他目标的实现情况。

### （二）生产函数

厂商是通过生产活动来实现最大利润的目标的。生产是将投入的生产要素转换成有效产品和服务的活动。以数学语言来说，生产某种商品时所使用的投入数量与产出数量之间的关系，即为生产函数。厂商根据生产函数具体规定的技术约束，把投入要素转变为产出。在某一时刻，生产函数是代表给定的投入量所能产出的最大产量，反过来也可以说，它表示支持一定水平的产出量所需要的最小投入量。因此，在经济分析中，严格地说，生产函数是表示生产要素的数量及其某种数量组合与它所能生产出来的最大产量之间的依存关系，其理论本质在于刻画厂商所面对的技术约束。

在形式化分析的许多方面，厂商是与消费者相似的。消费者购买商品，用以"生产"满足；企业家购买投入要素，用以生产商品。消费者有一种效用函数，厂商有一种生产函数。但实际上，消费者和厂商的分析之间存在着某些实质性的差异。效用函数是主观的，效用并没有一种明确的基数计量方法；生产函数却是客观的，投入和产出是很容易计量的。理性的消费者在既定的收入条件下使效用最大化；企业家类似的行为是在既定的投入下使产出数量最大化，但产出最大化并非其目标。要实现利润最大化，厂商还必须考虑到成本随产量变化而发生的变动，即必须考虑到成本函数。也就是说，厂商的利润最大化问题既涉及生产的技术方面，也涉及生产的经济方面。生产函数只说明：投入要素的各种组合情况都具有技术效率。这就是说，如果减少任何一种要素的投入量就要增加另一种要素的投入量，没有其他生产方式能够得到同样的产量。而技术上无效率的要素组合脱离了生产函数，因为这类组合至少多用了一种投入要素，其他要素投入量则同以前一样，其所生产出的产量却同其他方式一样多。

### （三）生产要素

生产要素是指生产活动中所使用的各种经济资源。这些经济资源在物质形态上千差万别，但它们可以归类为四种基本形式：劳动、资本、土地和企业家才能。劳动是指劳动者所提供的服务，可以分为脑力劳动和体力劳动。

资本是指用来生产产品的产品。它有多种表现形式，其基本表现形式为物质资本如厂房、设备、原材料和库存等。此外，它还包括货币资本（流动资金、票据和有价证券）、无形资本（商标、专利和专有技术）和人力资本（经教育、培育和保健获得的体力智力、能力和文化）。

土地是指生产中所使用的，以土地为主要代表的各种自然资源，它是自然界中本来就存在的。例如，土地、水、原始森林、各类矿藏等。

企业家才能是指企业所有者或经营者所具有的管理、组织和协调生产活动的能力。劳动、资本和土地的配置需要企业家进行组织。企业家的基本职责是：组织生产、销售产品和承担风险。生产任何一种产品或劳务，都必须利用各种生产要素。

## 三、市场理论

### （一）市场

市场是商品经济的范畴。哪里有商品，哪里就有市场。但对于什么是市场，却有多种理解，开始，人们把市场看作商品交换的场所，如农贸市场、小商品市场等。它是指买方和卖方聚集在一起进行交换商品和劳务的地点。但随着商品经济的发展，市场范围的扩大，人们认识到，市场不一定是商品交换的场所，哪里存在商品交换关系哪里就存在市场。可见，市场的含义，不单指商品和劳务集散的场所，而且指由商品交换联结起来的人与人之间的各种经济关系的总和。

作为市场，它由三个要素构成：一是市场主体，即自主经营、自负盈亏的独立的经济法人。它包括从事商品和劳务交易的企业、集团和个人。二是市场客体，指通过市场进行交换的有形或无形的产品、现实存在的产品或未来才存在的产品。三是市场中介，指联结市场各主体之间的有形或无形的媒介与桥梁。市场中介包括联系生产者之间、消费者之间、生产者与消费者、同类生产者和不同类生产者、同类消费者与不同类消费者之间的媒介体系模式。在市场经济中，价格、竞争、市场信息、交易中介人、交易裁判和仲裁机关等都是市场中介。市场的规模和发育程度集中反映了市场经济的发展水平和发育程度。因此，在发展市场经济过程中，必须积极培育市场。

### （二）市场经济

#### 1. 市场经济概述

简而言之，市场经济就是通过市场机制来配置资源的经济运行方式。它不是社会制度。众所周知，在任何社会制度下，人们都必须从事以产品和劳务为核心的经济活动。而当人们进行经济活动时，首先要解决以何种方式配置资源的问题。这种资源配置方式，就是通常所说的经济运行方式。由于运用调节的主要手段不同，人们把经济运行方式分为计划与市场两种形式。前者指采用计划方式来配置资源，被称为计划经济；后者指以市场方式来配置资源，被称为市场经济。可见，市场经济作为经济活动的资源配置方式，不论资本主义还是社会主义都可以使用。它与社会制度没有必然的联系。虽然，市场经济是随着现代化大生产和资本主义生产方式的产生而产生的，但它并不是由资本主义制度所决定的。因为市场经济的形成与发展直接决定于商品经济的发达程度。迄今为止，商品经济发展经历了简单商品经济、扩大的商品经济和发达的商品经济三个阶段。只有当商品经济进入扩大发展阶段以后，市场经济的形成与发展才具备条件。因为在这个阶段不仅大部分产品已经实现了商品化，而且这种商品化还扩大到生产要素领域。这时，市场机制成为社会资源配置的主要手段。也就是说，这个阶段经济活动中四个基本问题，即生产什么？如何生产？为谁生产和由谁决策等，都是依靠市场的力量来解决的。由此可见，市场经济是一种区别于社会制度的资源配置方式，即经济运行方式。

**2. 市场经济的运转条件**

①要有一定数量的产权明晰的、组织结构完整的企业。

②要有完备的市场体系，成为社会经济活动和交往的枢纽。

③要有完整的价格信号体系，能够迅速、准确、明晰地反映市场供求的变化。

④要有完善的规章制度，既要有规范各种基本经济关系的法规，又要有确定市场运作规则的法规，还要有规范特定方面经济行为的单行法规。

⑤要有发达的市场中介服务组织，如信息咨询服务机构行业协会、同业公会、会计师事务所、律师事务所等市场经济作为经济运行方式。

**3. 市场经济的特征**

市场经济的特征可以归结为以下几个方面。

①市场对资源配置起基础性作用。这里的资源包括人力、物力、财力等经济资源。

②市场体系得到充分发展，不仅有众多的买者和卖者，还有一个完整的市场体系，并形成全国统一开放的市场。

③从事经营活动的企业，是独立自主、自负盈亏的经济实体，是市场主体。

④社会经济运行主要利用市场所提供的各种经济信号和市场信息调节资源的流动和社会生产的比例。

⑤在统一的市场规则下，形成一定的市场秩序，社会生产、流通、分配和消费在市场中枢的联系和调节下，形成有序的社会再生产网络。

⑥政府依据市场经济运行规律，对经济实行必要的宏观调控，运用经济政策、经济法规、计划指导和必要的行政手段引导市场经济的发展。

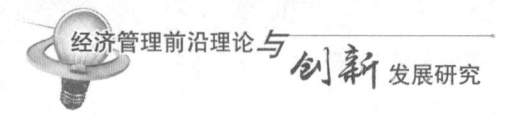

## 第二节 市场需求分析

### 一、需求的含义

需求与供给这两个词汇不仅是经济学最常用的两个词，还是经济领域最常见的两个术语。需求与供给作为市场经济运行的力量，直接影响着每种物品的产量及出售的价格。市场价格在资源配置的过程中发挥着重要作用，既决定着商品的分配，又引导着资源的流向。如果你想知道，任何一种事件或政策将如何影响经济并且产生什么样的效应，就应该先考虑它将如何影响需求和供给。

需求是指买方在某一特定时期内，在"每一价格"水平时，愿意而且能够购买的商品量。消费者购买愿望和支付能力，共同构成了需求，缺少任何一个条件都不能成为有效需求。这也就是说，需求是买方根据其欲望和购买能力所决定想要购买的数量。

### 二、需求表与需求曲线

对需求的最基本表示是需求表和需求曲线，直接表示价格与需求量之间的基本关系。

#### （一）需求表

需求表是表示在不影响购买的情况下，一种物品在每一价格水平下与之相对应的需求量之间关系的表格。需求表是以数字表格的形式来说明需求这个概念的，它反映出在不同价格水平下购买者对该商品或货物的需求量。

#### （二）需求曲线

需求曲线是表示一种商品价格和需求数量之间关系的图形，它的横坐标表示的是数量，纵坐标表示的是价格。通常，需求曲线是向右下方倾斜的，即需求曲线的斜率为负，这反映出商品的价格和需求之间是负相关关系。

### 三、需求函数与需求定理

#### （一）需求函数

需求函数是以代数表达式表示商品价格和需求量之间关系的函数。最简单意义上的需求函数,是将价格($P$)作为自变量,需求量($Q_d$)作为因变量,函数关系式,如下所示。

$$Q_d = a - bP$$

其中 $a$、$b$ 为常数,$a$ 最大需求量,$b$ 为关系系数。

通过价格前面的负号,上式表示出了需求量和价格之间反方向变化的规律。

需求函数表示的经济学含义是,如下所示。

①在给定的价格水平下,需求者能够购买的最大商品数量。

②对于具体给定的商品数量,需求者愿意支付的最高价格。

### (二)需求定理

从需求表和需求曲线中得出,价格与需求量之间,商品的需求量与其价格是呈反方向变动的,这种关系对经济生活中大部分物品都是适用的,而且,这种关系非常普遍,因此,经济学家称之为需求定理。

需求定理的基本内容是:在其他条件不变的情况下,购买者对某种商品的需求量与价格呈反方向变动,即需求量随着商品本身价格的上升而减少,随着商品本身价格的下降而增加。

## 四、影响需求的因素

除了价格因素以外,还有许多因素会影响需求使之发生变化。其中,以下几方面是比较重要的影响因素。

### (一)收入

假如经济危机出现了,公司为了应对危机,会相应地减少员工收入。当收入减少时,个人或家庭的需求一般会相应地减少。就是说,当收入减少时,消费支出的数额会相应地减少,因此,个人或家庭不得不在大多数物品上相应减少消费。在经济学中,当收入减少时,对一种物品的需求也相应减少,这种物品就是正常物品。一般把正常物品定义为:在其他条件相同时,收入增加会引起需求量相应增加的物品。

在人们的日常生活中,消费者购买的物品,并不都是正常物品,随着人们收入水平的提高,人们会对某种物品的需求减少,这种物品就是所谓的低档物品。从经济学的角度看低档物品,将其定义为:在其他条件相同时,随着收入的增加,引起需求量相应减少的物品。

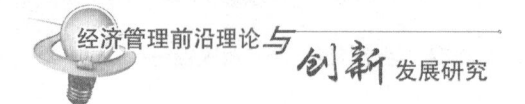

## （二）相关商品的价格

相关商品是指与所讨论的商品具有替代或者互补关系的商品。

在其他条件不变时，当一种商品价格下降时，减少了另一种商品的需求量，这两种物品被称为替代品。两种替代商品之间的关系是：价格与需求呈现出同方向变动，即一种商品价格上升，将引起另一种商品需求增加。

在其他条件不变时，当一种商品价格下降时，增加了另一种商品的需求量，这两种物品被称为互补品。两种互补商品之间的关系是：价格与需求呈反方向变动，即一种商品的价格上升，将引起另一种商品需求减少。

## （三）偏好

决定需求的另一明显因素是消费者偏好。人们一般更乐于购买具有个人偏好的商品。人们的偏好，受很多因素的影响，如广告、从众心理等。当人们的消费偏好发生变动时，相应地对不同商品的需求也会发生变化。

## （四）预期

人们对未来的预期也会影响人们现期对物品与劳务的需求。对于某一产品来说，人们通过预期认为该产品的价格会发生变化，若预期结果是涨价，人们会增加购入数量；若预期结果是降价，那么人们会减少当前的购入数量。

## （五）购买者的数量

购买者数量的多少是影响需求的因素之一，如人口增加将会使商品需求数量增加，反之，购买者数量的减少会使商品需求数量减少。

## （六）其他因素

在影响需求变动的因素中，如民族、风俗习惯、地理区域、社会制度及一国政府采取的不同政策等，都会对需求产生影响。

在之前的需求函数中，自变量只有价格，把各种影响因素考虑进来以后，可以写出一个多变量的需求函数，即把上述因素都包括进函数式中，如下所示。

$$Q=f(M, P_R, E, J, T)$$

式中：$M$——收入。

$P_R$——相关商品价格。

$E$——预期。

$J$——偏好。
$T$——其他因素。

## 五、需求量变动与需求变动

### （一）需求量的变动

需求量的变动是指其他条件不变的情况下，商品本身价格变动所引起的商品需求量的变动。需求量的变动表现为同一条需求曲线上点的移动。在影响消费者购买决策的许多其他因素不变的情况下，价格的变化直接影响着消费者的消费需求，在经济学中，这就是"需求量的变动"。

### （二）需求的变动

在经济分析中，除了要明确"需求量的变动"，还要注意区分"需求的变动"。需求的变动是指商品本身价格不变的情况下，其他因素变动所引起的商品需求的变动。需求的变动表现为需求曲线的左右平行移动。

在需求曲线中，当出现影响消费者的商品需求因素，也就是需求的变动，在某种既定价格时，当人们对商品需求减少时，表现在需求曲线中就是曲线向左移；当人们对商品需求增加时，在需求曲线中就表现为需求曲线向右移。总而言之，需求曲线向右移动被称为需求的增加，需求曲线向左移动被称为需求的减少。

引起需求量变动和需求变动的原因不同，其不仅受到商品价格、收入、相关商品价格的影响，还受到偏好、预期、购买者数量的影响。

## 第三节　市场供给分析

### 一、供给的含义

供给是指卖方在某一特定时期内，在每一价格水平时，生产者愿意而且能够提供的商品量。供给是生产愿望和生产能力的统一，缺少任何一个条件都不能成为有效供给。这也就是说，供给是卖方根据其生产愿望和生产能力决定想要提供的商品数量。通常用供给表、供给曲线和供给函数三种形式来表述供给。

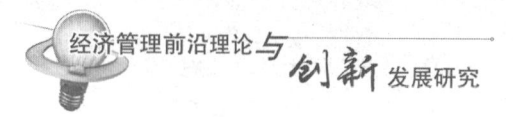

## 二、供给表

供给表是表示在影响卖方提供某种商品供给的所有条件中,仅有价格因素变动的情况下,商品价格与供给量之间关系的表格。

## 三、供给曲线

如果供给表用图形表示,根据供给表描出的曲线就是供给曲线。供给曲线是表示一种商品价格和供给数量之间关系的图形。横坐标轴表示的是供给数量,纵坐标轴表示的是价格。若是供给曲线是向右上方倾斜的,这反映出商品的价格和供给量之间是正相关的关系。

## 四、供给函数

供给函数是以代数表达式表示商品价格和供给量之间关系的函数。最简单意义上的供给函数,是将价格($P$)作为自变量,需求量($Q_S$)作为因变量,供给函数关系如下。

$$Q_S = c + dP$$

其中 $c$、$d$ 为常数,$c$ 为最大需求量,$d$ 为关系系数。

通过价格前面的正号,供给函数表示出供给量和价格之间同方向变化的规律。

供给曲线上的点表示的经济含义是,如下所示。

①在给定的价格水平上,供给者愿意提供的最大商品数量。

②对于给定的具体商品数量,生产者愿意索取的最低价格。

## 五、供给定理

从供给表和供给曲线中可以得出,某种商品的供给量与其价格是呈现出相同方向变动的。价格与供给量之间的这种关系对经济中大部分物品都是适用的,而且,实际上这种关系非常普遍,因此,经济学家称之为供给定理。

供给定理的基本内容是:在其他条件相同时,某种商品的供给量与价格呈现出同方向变动,即供给量随着商品本身价格的上升而增加,随着商品本身价格的下降而减少。

## 六、影响供给的因素

有许多变量会影响供给,使供给曲线发生移动,以下因素尤为重要。

## （一）生产要素价格

为了生产某种商品，生产者要购买和使用各种生产要素：工人、设备、厂房、原材料、管理人员等。当这些投入要素中的一种或几种价格上升时，生产某种商品的成本就会上升，厂商利用原有投入的资金，将会提供相对减少的商品。如若要素价格大幅度上涨，厂商则会停止生产，不再生产和供给该商品。由此可见，一种商品的供给量与生产该商品的投入要素价格呈负相关。

## （二）技术

在资源既定的条件下，生产技术的提高会使资源得到更充分的利用，从而引起供给增加。生产加工过程的机械化、自动化将减少生产原有商品所必需的劳动量，进而减少厂商的生产成本，增加商品的供给量。

## （三）相关商品的价格

两种互补商品中，一种商品价格上升，对另一种商品的需求减少，供给将随之减少。互补商品中一种商品的价格和另一种商品的供给呈负相关。

两种替代商品中，一种商品价格上升，对另一种商品的需求增加，供给将随之增加。替代商品中一种商品的价格和另一种商品的供给呈正相关。

## （四）预期

企业现在的商品供给量还取决于对未来的预期。若是预期未来某种商品的价格会上升，企业就将把现在生产的商品储存起来，而减少当前的市场供给。

## （五）生产者的数量

生产者的数量一般和商品的供给呈正相关关系，即如果新的生产者进入该种商品市场，那么，市场上同类产品的供给就会增加。

## 七、供给量的变动与供给的变动

### （一）供给量的变动

供给量的变动是指其他条件不变的情况下，商品本身价格变动所引起的商品供给量的变动。供给量的变动表现为沿着同一条供给曲线上的点移动。

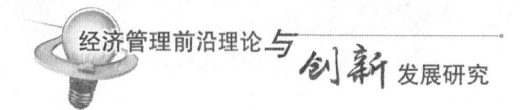

影响生产者生产决策的许多其他因素不变的情况下，在任何一种既定的价格水平时，生产者提供相对应的商品数量。价格变化会直接导致商品供给数量的变化，在经济学中被称为"供给量的变动"。

### （二）供给的变动

与需求相同，在经济分析中，除了要明确"供给量的变动"，还要注意区分"供给的变动"。供给的变动是指商品本身价格不变的情况下其他因素变动所引起的商品供给的变动。供给的变动表现为供给曲线左右平行移动。

供给的变动，在某种既定价格时，当某种商品价格上涨时，厂商对该商品的供给减少，此时供给曲线向左移；在某种既定价格时，通过科技手段来使该商品的生产能力变强时，此时供给曲线向右移。供给曲线向右移动被称为供给的增加，供给曲线向左移动被称为供给的减少。

## 第四节　市场均衡与政府政策

### 一、市场与均衡

市场上，需求和供给主要是通过价格调节的，围绕着这一主题首先分析需求曲线和供给曲线如何共同决定均衡价格和均衡产量（均衡价格下的需求量和供给量），为什么市场处于均衡状态时社会总剩余达到最大，买者和卖者之间的竞价如何使得非均衡状态向均衡调整。最后，简要介绍一下一般均衡理论，并讨论市场中的非价格机制。

市场将消费决策和生产决策分开，消费者不生产自己消费的产品，生产者也不消费自己生产的产品。但市场又通过交换将消费者和生产者联系起来。市场通常被理解为买卖双方交易的场所，比如传统的庙会、集市，现代的购物中心、百货商店等，都是市场。但市场又不仅仅是这些看得见、摸得着的实体场所。市场的本质是一种交易关系，它是一个超越了物理空间的概念。随着信息时代的到来，电商已经成为交易的一种新的形式，很多交易是在互联网上依托电商服务器完成的，在这里我们看不到具体的交易场所，但是这些网络虚拟的交易场所仍然是在我们经济学研究的市场中进行的。市场的类型多种多样，不仅有物质产品和服务产品的交易市场，也有作为投入品的要素市场。还有很多无形的标的物也可以成为市场的交易对象，比如专利市场、思想市场等。

无论什么市场，都存在买者和卖者两方。市场交易是一个竞争的过程，不仅有买者和卖者之间的竞争，而且有买者之间的竞争和卖者之间的竞争。比如，生产者之间为获得客户、销售产品而竞争，消费者之间为获得产品而竞争。竞争，意味着每个人都有自由选择的权利，即向谁买、买什么和卖给谁、卖什么的自由。只有在各方都有自由选择权利的制度下，才可以谈得上交易，才能够称之为市场。

### （一）均衡价格

#### 1. 均衡定义

经济学分析市场的一个基本工具是均衡。均衡分析有一百多年的历史，至今仍然是一个强有力的分析工具。均衡分析最初是经济学家从物理学中借用过来的，它是一种分析不同力量相互作用的方法。在宇宙空间中存在着各种各样的力量，各种力量相互作用，达到一种稳定的状态，即均衡状态。在均衡状态下，没有任何事物会发生新的变化。市场上，供给和需求是两种基本的力量。经济学中的市场均衡，就是指供给和需求的平衡状态。

#### 2. 市场均衡核心

关于市场均衡的概念述说起来就是，供给和需求的平衡状态。价格是市场均衡的核心，需求和供给都受价格影响，都是价格的函数。但需求和供给对价格做出反应的方向不同：需求量随着价格的下跌而上升，供给量随着价格的上升而上升。因此，需求量和供给量不可能在任何价格下都相等。但需求和供给的反向变化也意味着，使得需求量和供给量相等的价格是存在的。在经济学上，我们把使得需求量和供给量相等的价格称为"均衡价格"，对应的需求量（供给量）称为"均衡产量"。也就是说，在均衡价格下，所有的需求量都能得到满足，所有愿意在这个价格下出售的产品都可以卖出去。

#### 3. 均衡价格与边际成本

均衡价格是指，当需求量等于供给量的状况下，由需求曲线和供给曲线的交点决定的。

（1）供给曲线与边际成本曲线重合

供给曲线与边际成本曲线重合，需求曲线与消费者的边际效用曲线也是重合的。需求曲线上的价格代表了消费者的最高支付意愿，也就是厂商要把某一固定产量的商品全部销售出去，可以卖出的最高价格。为什么随着产量的增加，消费者愿意付的钱越来越少？因为边际效用是递减的。也就是说，每个人一开始总是满足最迫切的需要，他愿意为最迫切的需要付出的代价最大；迫切的需要满足之后，对于不那么迫切的需要，愿意付出的代价相对较小。

（2）供给曲线与生产者的边际成本曲线重合

它可以理解为厂商愿意接受的最低价格。只有消费者愿意付出的价格高于或至少不低于生产者愿意接受的价格时，交易才会给双方带来好处，产品才有可能成交。假设一件商品买家最高只愿意出10元钱，但卖家最低只能接受12元钱，那么交易就不会出现。因此，有效率的交易只会出现在均衡点的左侧，即需求曲线高于供给曲线的部分。

#### 4. 均衡价格与边际效用

根据前面的论述，均衡价格也可以看作消费者的边际效用等于生产者的边际成本时对应的价格水平。这是因为消费者的最优选择意味着他愿意接受的市场价格等于其边际效用，生产者的最优选择意味着他愿意接受的市场价格等于其边际成本。这样一来，价格就把生产者和消费者联系在一起，均衡实现了双方最优。这个原理可以表示为：

边际效用＝均衡价格＝边际成本

可见价格是一个杠杆，它在消费者和生产者分离的情况下实现了"鲁滨孙经济"中消费者和生产者一体化情况下的最优选择条件，如下所示。

边际效用＝边际成本

#### 5. 均衡状态下的总剩余

交换带来的社会福利增加总额，即总剩余。总剩余包括两部分：一部分是消费者剩余，另一部分是生产者剩余。消费者剩余就是消费者支付的价格和他实际支付的价格之间的差额。总收入和总成本之间的差值即生产者获得的生产者剩余，也就是利润，其计算公式如下所示。

总剩余＝消费者剩余＋生产者剩余

均衡不是现实，而是现实发生变化背后的引力。只有在均衡条件下，总剩余才能达到最大，此时的市场效率是最大的。如果市场处于均衡状态的左侧，有一部分价值没有办法实现；如果市场处在均衡状态的右侧，消费者愿意支付的价格小于生产者愿意接受的最低价格，由此会出现亏损，造成社会福利的损失。所以均衡本身对应的是经济学上讲的"最大效率"，偏离均衡就会带来效率损失。当然，现实生活中我们不可能总是达到最大效率这种状态。更准确地说，均衡不是现实，而是现实发生变化背后的引力。下面我们分析一下非均衡状态如何向均衡状态调整。

### （二）均衡的移动和调整

不管是供给曲线，还是需求曲线，均会受到很多因素的影响，并且这些影响因素是随时间变化的。影响需求曲线移动的因素有：消费者偏好、收入、替代品和互补品的价格，或者其他制度性的、文化的因素的变化。影响供给曲线移动的因素有：生产技术、要素价格和原材料价格、要素供给量的变化。因此，均衡点就随时间变化而变化，价格和供求的调整过程是动态的，就像追踪一个移动的靶子，而不是追逐着一个固定的目标。

从动态角度看，市场总是处于调整当中，现实经济总是处于非均衡状态。现实中的价格总是和理论上的均衡价格不完全一样，但市场价格总是围绕随时间变化的均衡点不断调整。这就是均衡分析的意义所在。

最后需要指出的一点是，前面我们把均衡点的变化和调整过程当作一个非人格化的过程。事实上，在现实市场中，均衡点的变化和调整主要是通过企业家活动实现的。企业家是善于判断未来、发现不均衡并组织生产、从事创新活动的人。尽管企业家也会犯错误，但正是他们的存在，使得市场经济不仅有序，而且在不断发展。

### （三）非均衡状态及其调整

非均衡状态可以划分为两类，分别是：实际价格低于均衡价格，或实际价格高于均衡价格。通常情况下，当价格低于均衡价格时，消费者愿意购买的数量大于生产者愿意出售的数量，这就出现了供不应求的现象；当价格高于均衡价格时，消费者愿意购买的数量小于生产者愿意出售的数量，这就出现了供大于求的现象。无论哪种情况，都有一方的意愿不能实现，从而导致效率损失。

**1. 非均衡状态概述**

为什么非均衡状态会出现？最基本的原因是在现实市场中，信息是不完全的。在传统的教科书中，通常假定信息是完全的，每个人都知道供求曲线和交点的位置。在这个假设下，不会有非均衡，这与现实是有出入的。市场通常由若干买家和卖家组成，他们当中每一个个体的决策都会影响整个市场，但没人知道市场的需求曲线和供给曲线具体是什么形状，消费者甚至连自己的需求曲线都画不出来，生产者也画不出自己的供给曲线，更没有人能准确知道其他人的需求和供给，因此，没有人确知均衡点究竟在哪里。但实际交易就是在这种情况下发生的。尽管出于自身利益的考虑,消费者会寻找合适的卖方,生产者也会寻找合适的买方,并希望获得对自己最有利的交易条件,但这又会带来交易成本和等待的成本。因此,交易不可能从均衡价格开始。不均衡状态还可以理解为一种后悔的状态:当消费者按照商家的标价购买一件商品后,过一段时间发现该商品价格下降了,那当初消费者实际支付的价格就是非均衡价格,这就表现出消费者的"后悔"。同样,当生产者把产品卖出后如果发现价格上涨了,也会感到"后悔"。

**2. 现实交易向均衡状态的调整**

尽管现实不可能处于均衡状态,但现实交易总是有向均衡状态调整的趋势。这种调整是买者和卖者竞争的结果,买者之间和卖者之间的竞争使价格从不均衡趋向均衡。现在我们就来分析一下可能的调整过程。首先考虑价格低于均衡价格的情况。设想由于某种原因,企业预期的价格低于均衡价格。此时,市场上供给的产品数量将少于消费者愿意购买的数量。当一部分消费者发现自己的购买意愿难以实现时,他们就愿意支付更高的价格;企业看到奇货可居,也会提高价格。随着价格的上升,一方面,消费者会减少需求,有些消费者甚至会完全退出市场;另一方面,企业会修正自己的预期,看到价格上升就会增加供给。如此这般,只要供给小于需求,价格就会向上调整,需求量随之减少,供给量随之增加,直到均衡为止。

现在考虑价格高于均衡价格的情况。如果市场价格高于均衡价格水平,企业会选择较高的产量,但在市场上,需求量低于产出量,造成部分商品生产出来后卖不出去。此时,由于销售困难,部分厂商会选择降价销售,以便清理库存,结果市场价格逐渐下降。随着价格的下降,企业相应地减少产量,部分原来的生产者退出了市场,导致市场供给量下降;同时,随着价格的走低,部分潜在消费者进入了市场,需求量增加。如此这般,只要供给大于需求,价格就会向下调整,需求量随之增加,供给量随之减少,直至均衡为止。

**(四)亚当·斯密论的价格调整**

市场上任何一个商品的供售量,如果不够满足对这种商品的有效需求,那些愿支付这种商品出售前所必须支付的地租、劳动工资和利润的全部价值的人,就不能得到他们所需要的数量的供给。他们当中有些人,不愿得不到这种商品,宁愿接受较高的价格。于是竞争便在需求者中间发生。而市场价格便或多或少地上升到自然价格以上。价格上升程度的大小,要看货品的缺乏程度及竞争者富有程度和浪费程度所引起的竞争热烈程度的大小。

反之，如果市场上这种商品的供售量超过了它的有效需求，这种商品就不可能全部卖给那些愿意支付这种商品出售前所必须支付的地租、劳动工资和利润的全部价值的人，其中一部分必须售给出价较低的人。这一部分商品价格的低落，必使全体商品价格随着低落。这样，它的市场价格，便或多或少降到自然价格（类似长期均衡价格）以下。下降程度的大小，要看超过额是怎样加剧卖方的竞争，或者说，要看卖方是怎样急于要把商品卖出的。

如果市场上这种商品量不多不少，恰好够供给它的有效需求，市场价格便和自然价格完全相同，或大致相同。所以，这种商品全部都能以自然价格售出，而不能以更高价格售出。各厂商之间的竞争使他们都得接受这个价格，但不能接受更低的价格。

当然，无论供不应求还是供过于求，现实中的调整都比我们上面描述的要复杂一些。比如，在供不应求的情况下，市场价格也许会短期内冲到消费者可接受的最高点，然后再随着供给量的增加逐步回落，经过一段时间的震荡后，逐步趋于均衡；在供过于求的情况下，市场价格也许会短期内跌落到消费者愿意支付的最低点，然后随着供给量的减少逐步回升，经过一段时间的震荡后，逐步趋于均衡。

调整过程需要多长时间，不同产品，市场是不同的。特别是，由于需求很容易及时调整，调整的快慢主要取决于产品的生产周期。生产周期越长的产品，调整的速度越慢。例如，农作物的生产周期是以年计算的，调整至少需要一年的时间；而服装的生产周期很短，调整相对快一些。

容易设想，如果需求曲线和供给曲线不随时间而变化，则不论调整的时间多长，市场价格最终一定会收敛于均衡水平。现实中，尽管绝大部分产品市场达不到经济学意义上的均衡，但仍然可以达到日常生活意义上的均衡，即：在现行的价格下，消费者的意愿需求总可以得到满足，生产者也可以售出自己计划生产的产品。实际价格的相对稳定性就证明了这一点。

现实市场之所以达不到经济学意义上的均衡，是因为需求曲线和供给曲线都随时间变化而变化。

### （五）一般均衡与非价格机制的调整

#### 1. 一般均衡理论

前面讲的单一产品市场的均衡是局部均衡。一般均衡或总体均衡，是指所有市场同时达到均衡的状态。这里的市场不仅包括产品市场，还包括劳动力市场和资本市场。以下是产品市场的一般均衡。

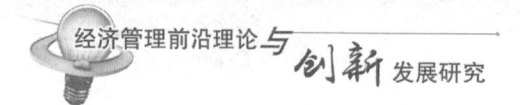

（1）一般均衡定义

所有的产品，需求量等于供给量，即市场实现了一般均衡，或者说，消费者的总支出等于生产者的总收入（现实中，消费者的收入是通过要素价格的形式获得的）。

一般均衡又称为瓦尔拉斯均衡。经济学家花了将近一百年的时间，孜孜以求证明一般均衡的存在性和稳定性。最初，经济学家试图用求解联立方程的方式证明解的存在性和稳定性，但并不成功。20世纪50年代，阿罗、德布罗等人应用拓扑学和数学上的不动点定理，建立了现在经济学的一般均衡理论，并因此获得了诺贝尔经济学奖。因此，一般均衡又称为"阿罗—德布罗定理"。

（2）一般均衡的基本特征

在均衡状态，每个消费者都达到效用最大化的消费选择，每个生产者都达到利润最大化的产量选择；所有的产品市场都出清，所有的要素市场都达到供求平衡；所有消费者都能买到自己想买的产品，所有生产者都能卖出自己计划生产的产品；想找工作的劳动者一定能找到工作，想雇人的企业一定能雇到人；想借钱的生产者一定能借到钱，能出贷的贷款人一定能把钱贷出去。

（3）一般均衡的条件

一般均衡有一个条件：如果一种产品出现过剩，则价格等于零，等于说它给人们带来的边际效用为零。完全竞争企业的收入等于成本，没有超额利润。

（4）理论上的一般均衡

理论上，一般均衡是通过价格的不断试错而实现的：对于任意给定的一组价格，如果某种产品供过于求，该产品的价格就向下调整；如果供不应求，该产品的价格就向上调整。这样，经过若干次的调整，所有产品的价格都趋于均衡。

（5）一般均衡的意义

一般均衡在理论上很完美，但现实经济不可能达到一般均衡。尽管如此，一般均衡理论仍然是很有意义的，如下所示。

第一，它为分析市场提供了一个参照系。

第二，它有助于分析政策的直接和间接效果。

我们知道，一个经济体系中，任何一个市场的价格变化不仅仅会引起该商品需求和供给的变化，而且会对其他商品的需求和供给产生影响，甚至引发劳动力市场、土地市场等要素市场的变化。这就是我们日常讲的"牵一发而动全身"。一般均衡模型可以把这些直接效果和间接效果都考虑进去，因此可以分析任何一个变量的变化引起的总体效果。

比如说,当政府对某种商品征税时,为了理解由此引起的整个经济的总效率如何变化,我们不仅要考虑税收如何影响商品的供求和价格,而且要考虑其他商品和要素的供求和价格如何变化。只有这样,我们才能准确评价政府征税对现实经济的总体影响。因此,一般均衡理论对福利经济学非常重要。当然,正因为一般均衡分析过于复杂,大部分经济学家仍然偏好于局部均衡分析。一般均衡理论也意味着,如果由于某种原因某种商品的市场偏离了原来的均衡,则所有其他商品的市场也应该偏离原来的均衡。

比如说,假定经济由两种商品组成,在均衡的情况下,第一种商品的产量是8个单位,第二种商品的产量是10个单位。如果政府规定第一种商品只能生产7个单位,那么,第二种商品的最优产量就应该做相应的调整,而不应该是原来的10个单位。这就是所谓的"次优理论"。

**2. 市场的非价格机制**

(1)非价格机制调节概述

非价格机制,是指通过配额、排队、限制等手段来调节供求。一般来说,价格是协调供求最有效的手段,如果价格不受管制,那么自由的市场竞价会使市场趋向均衡,尽管不能每时每刻都达到均衡。有时候政府会出于收入分配或其他目的限制竞价,如政府对一些特定产品实行配额生产或消费,政府有时候也要求企业必须雇用某些特定的员工。如我们前面指出的,整体来说,政府利用非价格手段干预市场会使经济产生效率损失。

但值得注意的是,在市场经济中,企业也会使用一些非价格手段调节需求。比如说,当某种产品非常紧俏的时候,厂家并不一定把价格提高到供求相等的水平,而是在维持价格不变的情况下实行限额购买。特别是,在金融市场和劳动力市场上,企业使用非价格手段更为频繁。比如说,银行并不把利率调整到某一水平,使得所有想贷款的人都能贷到款,而是对所有申请贷款的人进行资格审查,然后决定将款项贷给谁、不贷给谁以及贷多少。在劳动力市场上,即使求职者愿意以更低的工资获得工作机会,企业也可能不愿意降低工资,而是宁可在保持工资不变的情况下少雇用工人。

(2)非价格机制的应用

企业为什么使用非价格手段?无疑,有些情况下企业这样做是出于非经济因素的考虑,包括社会公正、舆论压力等。比如说,在自然灾害发生时,企业不愿意把产品价格提高到供求均衡的水平,可能是因为希望给每个人提供基本的生活保障,也可能是害怕被民众批评"发国难财"。但总体来说,

企业使用非价格手段通常也是出于利润最大化的动机。事实上，这些手段之所以被认为是非价格手段，是因为人们对产品的定义有误解。很多非价格机制，在其本质上可以还原价格机制。

现实中有一种定价叫作打包价格机制。例如，迪士尼乐园的一张门票包含若干活动项目，理论上消费者拿一张通票可以玩所有的项目，但实际上一天下来去不了几个地方，因为每个地方都排着很长的队。所以，名义价格不变，不等于实际价格不变，非价格调节机制可以改变真实的价格。

## 二、政府干预的效率损失

### （一）价格管制及其后果

在市场经济国家，政府有时会对价格和工资实行限制。与计划经济的政府定价不同的是，市场经济国家的价格管制一般只规定最高限价或最低限价，而不是直接定价。最高限价，即规定交易价格不能高于某个特定的水平，也就是卖出商品的标价不能超过规定的最高价格。最高价格一定低于均衡价格，否则是没有意义的。

最高限价会带来什么后果呢？从效率上来看，本来一些不是非常需要这个商品的人也进入了市场，该商品对这些消费者的效用并不高，但他们也很可能获得该商品，这对于社会资源是一种浪费。而该商品对另外一些人的价值较大，但在限价后他们可能买不到这种商品，这又是一种损失。政府会有什么对策呢？既然需求大于供给，政府可以选择的一个办法是强制企业生产市场需要的产量。这就是为什么价格管制经常会伴随计划性生产的主要原因。强制生产的结果是什么？假如政府的生产计划确实能够实现，此时生产的边际成本远远大于商品给消费者带来的边际价值，这是一种资源的浪费。

有时候政府制定了最高限价并强制企业生产，如果企业亏损则给予财政补贴。但这会弱化企业降低成本的积极性，甚至诱导企业故意增加成本、制造亏损，因为亏损越多，得到的补贴越多，不亏损就没有补贴。这又是一种效率损失。

如果政府没有办法强制企业生产，那就只能配额消费，在 1200 单位的需求量里面分配 400 单位的产量。配额会引起什么问题呢？如果政府通过抓阄的方式随机分配配额，将导致前面讲的效率损失，因为能得到该商品的并不一定是需求最迫切的消费者。

现在我们转向讨论最低限价政策。最低限价的直接目的是使得交易价格高于市场均衡价格。与最高限价的情况相反，如果政府为了保护某个产业，出台政策规定相关产品的交易价格不能低于某个最低价格,这将导致供过于求。

为了解决供过于求的问题,政府就不得不实行配额生产。即便政府能够保证把配额分配给成本最低的企业,但由于与需求量对应的产量小于均衡价格下的产量,也存在效率损失。当然,政府也可以强制消费者购买过剩的产量,但这样做不仅损害了效率,而且限制了消费者的选择自由。如果政府既不能成功地实行生产配额,也不能成功地强制消费,最低限价也就没有办法维持。解决问题的办法是把生产者价格和消费者价格分开,这就需要对生产者给予价格补贴,每单位产品的补贴额等于生产者价格和消费者价格的差额。对生产者来说,这种补贴是一种收益,但对整个社会来讲,则是总剩余的减少。

### (二)税收如何影响价格

政府干预市场的另一个方式是征税。政府需要征税获得财政收入,税收的结构和额度将会改变市场的均衡状态。政府征税类似在供求之间加入一个楔子,对价格和交易量都会产生影响。税负最终是由谁来承担?这依赖于需求曲线和供给曲线的特征。但是无论如何,税负通常会降低交易效率。

**1. 从量税**

现在我们引入政府征税。税收中有一种税叫作从量税,是对生产者销售的每一单位产品进行征税。征收这种从量税以后,成交价格上涨了,均衡数量下降了。

下面我们来分析税收是由谁来承担的。表面上看消费者没有直接交税,但并非如此,实际上消费者与生产者共同承担起了税收。政府征走的税收可以作为转移支付,不会降低总剩余。但是征税后交易量的下降却降低了总剩余。可见,从量税会导致一定的效率损失。另外一种从量税是对消费者征税,与政府对生产者征税时相同。

现在我们来看一种特殊的情况。假如供给曲线价格没有关系,而需求曲线向下倾斜,垂直的供给曲线并不发生变化,均衡价格、量产也不变化,在这种情况下,税收全部由生产者承担。如果从量税是对消费者征收的,消费量没变,实际支出与没有税收时是一样的。税收仍然全部由生产者承担。再看另外一种情况,假如供给是有弹性的,而需求是无弹性的,也就是我们通常所说的"刚需"。生产者没有承担税收,此时税负全部由消费者承担。假设供求曲线不变,税负这时仍全部由消费者承担。只要需求和供给都有一定的弹性,税收就会造成生产效率的下降。

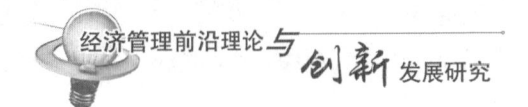

由此我们可以得出这样的结论：如果供给是无限弹性的，需求是有弹性的，税收将全部由生产者承担；如果需求是无限弹性的，供给是有弹性的，税收将全部由消费者承担。

一般情况下，无论向哪一方征税，供给弹性和需求弹性的比值直接决定着税负的分担比例，简单来讲，就是供给与需求哪一方弹性小，相应的负担的税收就大，一方面，需求弹性相对小，则消费者承担的税负比重高；另一方面，供给弹性相对小，则生产者承担的税负比重高。政府的税收政策一般会带来效率损失。只有在需求或供给无弹性的时候，税收才不造成效率损失，此时税负全部由消费者或生产者承担，没有导致交易数量的变化。只要需求和供给都有一定的弹性，税收就会造成生产效率下降。

生活必需品的需求弹性是比较小的，比如粮食价格上涨50%，人们的消费量不会减少50%。所以对生活必需品的征税大部分转嫁给消费者。奢侈品通常需求弹性比较大，承担税负的主要是生产者。

### 2. 从价税

从量税是根据销售数量定额征收，从价税是根据销售价格按一定比例征收。无论哪种情况，只要供给和需求都是有弹性的，税收就会产生效率损失。

### 3. 所得税

除了对交易征税，政府还会对个人和企业的收入征税，称为所得税。它是以所得额为课税对象的税收的总称。很多地方征收公司所得税，同时还有个人所得税。所得税收影响生产者的积极性，因而会影响产品价格。

总体来讲，税负不可能最终只由纳税人来承担，也会有效率损失。因为税负影响生产者的积极性，所以生产者会提高价格：假如所得税税率过高，没人愿意生产了，行业的供给量将会减少，导致市场价格上升，因此消费者就要承担部分税收。设想一个极端的情况，假如我们征收100%的利润税，企业赚的钱都纳税了，没人愿意办企业了，最后损害的将是我们社会上的每一个人。

# 第六章　现代企业经济管理者的素质

既然管理是一门科学，管理者素质就显得非常重要。因为管理者的素质高低，直接关系到企业未来的命运。尤其是主要领导人，他的思想行为、处事方式，对一个部门、一个企业都起着极为重要的示范作用。时代在进步，在经济领域的管理者随着经济的发展已逐步形成了一个阶层。在这个阶层中大体包括三类人员：一是政府经济管理部门和企业的领导人员；二是经济组织的专业职能管理人员；三是经济管理学者。本章主要从经济组织管理者应具备的素质、经济组织管理者应重视的工作方法以及经济管理者的基本技术素质等方面进行阐述。

## 第一节　经济组织管理者应具备的素质

### 一、对管理者素质的基本要求

在任何社会经济组织，作为一个管理者都必须具备良好的品德、丰富的知识和较强的工作能力。首先管理者必须是一个合格的公民，能遵守所在国的法律。在我国，第一，要求能做到"四有"（即有理想、有道德、有知识、有纪律）；第二，他必须是一个合格的员工，有一定的专业技术能力并能努力工作；第三，如果他是一个领导者则必须是职工中的优秀分子，有一定的组织管理能力，德才兼备。在我国，国有企业的领导人，还要符合"四化"（革命化、知识化、专业化、年轻化）要求，能顾全大局，能在复杂条件下开展工作。如果他属于党政领导干部，还要符合中共中央颁布的《党政领导干部选拔任用工作条例》的规定和要求。

具体地讲，所有管理者均应具备下述几个方面的素质。

#### （一）较好的品德

所谓品德，它体现一个人在世界观、人生观、价值观、道德观等方面的现实态度和行为方式。对这些方面有了正确认识，人就会有强烈的社会责任

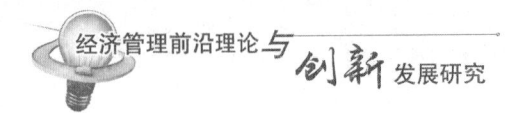

感和管理意识，就能具有创新精神、实干精神、合作精神和奉献精神，就能执着敬业、开拓前进、不怕竞争、勇于追求，就能不惜牺牲个人利益，以诚待人，去努力做好工作。

### （二）较高的知识水平

知识是提高管理水平和管理艺术的基础和源泉。一般说，作为管理者知识面要广一些。除了专业管理知识外，在政治、经济、科技、心理学、社会学方面都要有所知，以便协调处理好与各类人员之间的关系。

### （三）坚韧不拔的意志

心理学认为，意志是意识的能动作用，是人们有意识地为实现某种目的而组织自己的行为、克服困难的心理过程。

人为了达到一定的目的，势必要克服不同种类和程度的困难，由于遇到的困难难易程度及性质不同，人们的意志活动也有所不同。企业经营者维系企业荣辱命运于一身，在商海中闯荡，有时候遇到的困难是难以想象的，没有百折不挠的意志往往是壮志未酬身先死。企业经营者的意志活动表现在：他为了满足自己企业发展的需要，预先确定一个目标，然后有组织、有计划地实现这个既定的目标。

从心理学方面来讲，可以将意志品质划分成独立性、坚定性以及果断性和自制力等。

#### 1. 独立性

独立性意味着一个人有能力做出重要决定并付诸实施，并愿意为自己的行为及其结果负责，相信自己的行为是可行的，能产生积极的成果。企业经营者站在自己的位置上，有常人所涉及不到的工作领域和独特的工作性质，有自己独到的见解，而其他的决策人员、执行人员和操作人员由于受囿于自己的职位，他们的观点具有一定的狭隘性，只能择而用之。因而，企业经营者需要保持一定的独立性。

当然，独立性建立在听取其他意见的基础之上，不等于武断和刚愎自用。企业领导者需要一定的独立性、权威性，这样，整个企业才有主心骨，企业的变革才得以坚定地实施，而不至于受一些不和谐因素的干扰。

#### 2. 坚定性

坚定性表现在长期地坚持自己合理的观点和做法，并不懈地克服企业变革中的重重困难。企业管理者从长远性来发展自己的企业，其间免不了要进行一些必要的创新和变革。因而，企业管理者需要满怀必胜的信念，既不被外界的诱惑所驱使，也不被眼前的困难所吓倒，既不受消极论调的干扰，又保持清醒的头脑。坚定性是企业领导者难能可贵的财富。

3. 果断性

果断性表现为善于迅速地明辨是非，及时地采取措施处理一些事情，尤其是一些恶性突发事件。李·雅科卡曾经说过："如果要我用一个词来概括优秀经理人员的特点，那我就会说是果断。"当断则断，特别是在企业面临新形势、新环境亟待变革的时候，更需要领导者有果断变革的决心，否则贻误了战机就可能导致企业处于不利的境地甚至破产。与果断相反的是优柔寡断，这是缺乏勇气、缺乏信心、缺乏主见、意志薄弱、逃避责任的表现。作为一个企业管理者，这是要不得的。

4. 自制力

自制力是指能够统御自己的意愿的能力。在失败、恐惧、压力、倦怠的情况下，企业管理者需要振作精神，消除由这些不利因素带来的一连串的连锁负效应。在成功的时候，需要戒骄戒躁，警惕成功之后随之而来的放松和自满。钢铁大王卡耐基在没有资金、没有背景、没有接受高等教育的情况下发迹，他认为自己的成功最重要的一条是自律。能驾驭、动用自己心智的人，可以轻易地获得他梦想的东西。企业管理者不能被胜利冲昏了头脑，也不能被挫折压弯了腰。在荣誉面前不能飘飘然，在困难面前更应卧薪尝胆。

### （四）一定的实际工作能力

一定的实际工作能力包括在管理工作中为完成特定任务的业务技术能力（如操作计算机，编制计划，撰写工作报告，从事业务、统计、会计及相关资料分析等）；有正确处理人际关系的能力（如协调、沟通、评价、表述等能力）；有概括能力（即有善于抽象、总结判断、洞察未来的能力）。当然，不同层次的管理人员，对于上述的要求是不完全相同的。对于高层管理人员，善于听取、集中不同意见，洞察未来，瞻前顾后，做出正确判断和决策更为重要；对于接近基层的管理者，其特定的业务技术能力则显得更为重要。

### （五）超前决断的远见卓识

在管理变革主体变革素质中，远见卓识是比较重要的一个方面，它不仅反映了管理变革主体的思维方式和价值观念，而且也使管理变革主体对某一

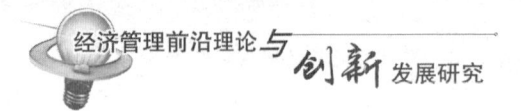

问题往往有超出常人的认识，这也正是创新得以产生的基础所在。

远见卓识作为管理变革主体变革素质的重要组成部分，其具体表现形式如下：

### 1. 掌握最新的管理理论

可以不断掌握最新的管理理论知识，最新的技术潮流，并能够将这些新事物融入自己的思维，是对某一问题有独特见解或理解的基础。由于这些新的知识和信息在一定程度上对过去的知识体系进行了重构，所以，它可以启发人们去思考过去长期困惑的问题。例如，如果你不知道企业流程改革创新的基本知识，那么本企业流程变革的思路和对策肯定也就不会产生。你不知道市场营销过程中将会发生交易成本，就不可能提出如何通过改革现有的销售渠道，设计新的销售网络，从而既达成降低交易成本的目的，又能实现扩大市场占有率及产品迅速售出的目标。

### 2. 奋发向上的价值取向

作为管理变革的主体，尽管其价值取向和当时的社会价值观并不矛盾，然而仍有其特殊的一面，即对事业成功的不懈追求和对价值观的永不满足。一般的人都有对事业的追求，但是他们却很容易满足，而那些能够在他们的事业中有所作为的人往往会有永无止境的追求。正是在这种价值取向和心智状态的指引下，他们才能勇敢攀登管理和企业成功的高峰，从而真正成为管理创新的主体。

## （六）敢为人先的竞争魅力

竞争是人类前进和发展的重要形式，是社会进步的动力。竞争也是变革精神的必然要求，竞争需要变革。市场就是战场，充满了风险和竞争。有了竞争，变革才能派上用场，而也正是敢于积极的变革企业才更具有竞争力。放眼企业界，多数竞争中都以创新者取胜，多数创新都源于对竞争的紧迫感，竞争和变革成为企业不可缺少的要素，成为企业管理者必须具备的精神和心理气质。

### 1. 机遇意识要时刻驻足心底

竞争往往是机遇的竞争，在时间和空间上抓住机会，通常会战胜对手获得市场。竞争机遇需要基于机遇意识的确立，尽管企业蒸蒸日上，然而企业管理者也不能放松培养自身的机遇意识，否则企业将很容易落后于市场竞争，甚至破产。

### 2. 竞争意识要扎根于心灵深处

竞争意识实际上是市场意识的必然衍生物，要走向市场那么必然会存在竞争。作为一个企业的管理者，如果缺乏竞争的心理准备，不能充分认识到竞争的重要性和残酷性，那么他将很难在激烈的竞争中获胜。只有把竞争放在心上，明白竞争的意义，领悟竞争的激烈性，才能使企业的管理者立于不败之地。

### 3. 愿意冒险，在心理上不惧怕冒险

风险机制是市场经济的基础机制，风险意识是市场经济的基本意识。在市场竞争激烈的条件下，任何一个经济主体都有可能面临盈利、亏损和破产的情况，也都必须承担相应的利益风险。正是风险以利益和财产增加的诱惑力与破产的压力作用于企业，从而督促企业管理者改善经营管理，更新技术。只有不惧怕竞争、敢于冒风险的企业管理者才能在市场经济大潮中获得生机，赢得先机。

## （七）锐意进取的创新精神

我们这个时代的企业管理者需要的创新精神是一种真正的创意，它不是浅俗的"脑筋急转弯"，也不是追求新奇的幼稚的花边广告，而是一种临危不惧的大智大勇，一种在与风浪搏击中的锐意改革精神，一种融合了民族灵魂、企业精神和个人智慧的创新意志，一种在风云变幻中镇定自若、坚持改革的大将风度。从根本上说，这是一种优秀管理者必备的个人心理气质。在下述五种高度概括的人类创意中，都应该而且可以找到他们的灵魂和精髓。

### 1. 创造新观念

在管理企业的人、财、物、信息等问题上，企业管理者自身态度和认识视角的转变，通常是企业获得生机的契机，这是新观念的创造。企业管理者的创新意识往往取决于自己的态度和观念转变，切不可小视。

### 2. 创造新态度

在企业兴旺发达时，努力钻研创新理论，结合企业实际，思考有关的理论问题并指导自身的实践，这是企业管理者义不容辞的责任。

### 3. 创造新机遇

在外界环境发生变化，企业面临新的契机的时刻，新产品的设计、生产、销售或转产，都需要企业领导者敏锐的判断力，这是新机遇的创造。

### 4. 创造新方法

在企业面临困难的时候，适时地提出改革的方法和方案，是企业管理者必需的选择，这是新方法的创造。

"沧海横流，方显英雄本色！"创新通常是面对困难时的一种选择，企业管理者必须毫不犹豫地面对并解决困难。这其中，难的不是创新本身，而是创新意识的培养和巩固。

### 5. 创造新事物

发明适销对路的新产品，发明新工艺，革新产品生产的思路，是企业管理者青睐的创新，是新事物的创造。

上述各类创新是一个层级推进、交叉变化的系统，是一个方方面面、时时刻刻都在呼唤改革的领域。它不仅是一种创新行为，更是一个企业经营者一刻也不能在心底消逝的心理情结。没有锐意变革的创新精神，企业管理者无法燃起奋斗和变革的激情，更谈不上企业的进步了。

## 二、企业经济管理者应具备的素质

### （一）企业经济管理者应具备的素质

企业经济管理者应是经济领域的专家，同时具有较强的思考能力和组织能力。一般说，我国的企业经济管理者应当具备下列素质。

#### 1. 敢于冒险

变革时代的企业经济管理者必须具有冒险精神。世界著名咨询公司美国麦肯锡的调查显示，平均而言，成功的软件产品公司领导者比他们的同行在做出重要的战略决策上少花25%的时间，其主要原因在于他们拥有冒险精神，而不是他们有更好的信息技术或市场研究。

#### 2. 反应敏捷

市场情况可能转瞬就会发生变化，计划很快就会过时。真正的企业经济管理者会接受市场不断的变化，及时调整企业经营策略，以适应他们遇到的所有情况。

在市场上反应迟钝就是死亡，变革时代的企业经济管理者必须具备反应敏捷的商业头脑和行动敏捷的决策风格。

### 3. 勇于变革

活的组织都是高度变动的，因为动态的生存才有活力，所以，变革时代的企业经济管理者必须具备创新素质，能够根据市场变化顺应时代发展，勇于进行变革。一个墨守成规、不善变革的企业经济管理者只能扼制企业的生机与活力，把企业引入不能持续发展的死胡同。

### 4. 创造文化

对于变革时代的领导者来说，创造一种吸引人才的文化是至关重要的，事实上也是他们面临的一项重要挑战。

企业经济管理者富有创造性的独特管理风格可以形成独特的企业文化，它会成为公司的又一种动力。变革时代的企业经济管理者最重要的职责是使员工形成一种共同的价值观，结成富有特别战斗力量的团队。解决这一问题的关键是推动企业文化的建设。企业的竞争，既是企业核心领导的文化差异与低成本的竞争，又是企业文化的竞争。

企业家是企业的统帅和灵魂。面对改革的新形势、新环境，一定要树立新理念，具备新智能，培养新作风，形成新标准，提高统御市场的能力，不断地把企业带入新境界。

这就是改革时代的新形势、新环境给企业经济管理者提出的新要求、新标准。

### 5. 勇于负责

企业经济管理者对上级、下级、客户及整个社会要有高度的责任心，对重大问题绝不含糊。一旦出现问题，企业经济管理者更要勇于承担责任，切勿推诿，以免使下属对自己产生不信任感。

### 6. 有创新精神

企业经济管理者有远见卓识，对前景看好的事业，要敢于向前闯。须知，一切新生事物都是从无有到有逐步发展起来的，看准的事不去做，永远不会成功。在市场经济条件下总是智者创造机会，强者利用机会，弱者则耽误机会。一个企业要发展，要进步，就得闯。而企业经济管理者的素质则更是关键。

### 7. 会合理授权

企业经济管理者授权意味着资源的再分配。对下属的授权，务求合理。按照"大权独揽，小权分散"的原则，根据下属部门的职责合理授权，力求

适度。关乎全局大事的决策权,一定要抓在领导者手上,不能旁落。如果权利过于分散,各自为政就可能出现混乱。

### 8. 能把握机遇

市场机遇,转瞬即逝。企业经济管理者必须重视收集各类信息,但要善辨信息真伪,去伪存真。遇到机遇,绝不放过。须知丧失机遇,就等于失败。

### 9. 要有组织能力

企业经济管理者会用人、会尊重人、能容纳有不同意见的人,以团结更多的人一同工作,并且要会分配任务,善于指挥,能率领职工共同奋斗。这是企业经济管理者不可缺少的素质之一。如果一个管理者什么事都是自己动手,不发挥别人的作用,事业就很难做大。

### 10. 良好的政治素质

在我国,作为企业经济管理者,不仅要有正确的世界观、人生观、价值观,还要勤于学习,与时俱进,能自觉执行党的路线、方针、政策。有法制观念,能自觉遵纪守法,有辨别是非的能力,对新生事物有敏感性,并有强烈的事业心,热爱管理工作,能尽职尽责地努力工作。

### 11. 有良好的心理素质

企业经济管理者应遇事冷静,不怕竞争,善于应变;能在复杂的环境中,正确分析、判断事物缘由,抓住主要矛盾,找出解决办法,并及时进行决策,掌握工作的主动权。

### 12. 谦虚谨慎,联系群众

遇事要和群众商量;既讲民主,又善集中;处事公平,奖惩分明。只有这样才能带出一支好队伍。

### 13. 大公无私,不谋私利

企业经济管理者应以身作则,品德高尚;言必行,信必果;在职工中不搞小圈子,不厚此薄彼;吃苦在前,享受在后,一身正气。只有这样,管理者才能取得职工和公众的信任。

### 14. 有较丰富的知识

企业经济管理者不仅要熟悉本企业的有关业务知识,还要善于思考,能理论联系实际,既有超前意识,又能实事求是地处理问题。

## （二）在管理变革中讲求领导艺术

### 1. 施加影响力，实现领导功能

企业领导的本质是一种影响力，即对企业目标的确立和实现施加影响的过程。

通常来讲，企业经济管理者的影响力来自以下两个方面：一是职位权力。这是由企业经济管理者在企业中的地位所决定的，这一权力因职位而异。一般情况下，人们由于压力和习惯，常常不得不服从这种职位权力。二是个人权力。这一权力是由他们自身的特殊条件所决定的，而不是由企业经济管理者在企业中的地位所决定的。

（1）企业经济管理者的权力影响力

企业经济管理者的权力一般分为五类。

①惩罚权。它来自下属的恐惧感，即下属感到管理者有能力惩罚。

②奖赏权。它来自下属追求满足的欲望，即下属感到管理者有能力奖赏他，使他觉得愉快或满足他某些需求。

③合法权。它来自下属传统的习惯观念，即下属认为管理者有合法的权力影响他，他必须接受管理者的影响。

④模范权。它来自下属对上级的信任，即下属相信管理者具有他所需要的智慧和品质，具有共同的愿望和利益，从而对他钦佩和赞誉，愿意模仿和跟从他。

⑤专长权。它来自下属的尊敬，即下属感到管理者具有某种专门的知识、技能和专长，能帮他指明方向，排除障碍，从而更好地实现组织目标和个人目标。

惩罚权、奖赏权、合法权属于职位权力，也称权力性领导力；模范权和专长权属于个人权力，也称非权力性领导力。这几种不同的权力对下属产生了不同的影响效果和个人满意度。

如果将以上两种类型的权力与领导权威相联系，就可以用以下的公式表示。

$$职位权力 + 个人权力 = 权威$$

两大权力系统的比较，如表 6-1 所示。

表 6-1 两大权力系统的比较

|  | 职位权力 | 个人权力 |
| --- | --- | --- |
| 来　源 | 法定职位 | 个人魅力 |
| 范围大小 | 受时空限制，不因人而异，确定 | 不受时空限制，因人而异，不确定 |
| 方　式 | 行政命令 | 人格感召 |
| 基　础 | 必须服从 | 自愿接受 |
| 效　果 | 畏惧 | 信服（折服和心服） |
| 性　质 | 强制性影响力 | 凝聚性影响力 |

个人权力，包括专家影响力和个人感召力。

专家影响力来源于专长、技能和知识。世界的发展日益取决于技术的发展，专门的知识技能也就成为权力的一个主要来源。工作分工越细，那么专业化程度越高，我们目标的实现就越依赖专家。因此，有专长的人为其获取个人影响权提供了基础，因为他可以凭借他人对其专长的依赖而产生权力。知识与专长实际上就是一种权力，谁掌握了知识和专长，谁就有权力对他人产生影响。人们往往会认真听从某一领域专家的忠告，接受他们的影响，例如，一位权威医生的忠告会改变某人的生活习惯，一位装潢专家的建议会改变一家公司或一个家庭的内部空间环境。尽管那些拥有专业知识的人员没有职位，然而他们却拥有一定的权力，这一权力即基于知识和专长而形成的影响力。

个人感召力的基础是对于拥有丰富的资源或个人特质的人的认同。它是基于人们对你的崇拜、取悦而形成的。一般包括以下三种类型。

一是个人魅力权。这是一种无形的、很难用语言来描述或概括的权力。它是基于对个人素质的认同和对人格的欣赏。管理者个人的魅力构成了他的权力，吸引人们去追随他、欣赏他，并以接近他为荣。管理者的个人魅力激起了追随者的忠诚和热忱，因此，这种权力具有巨大而神奇的影响力。

二是背景权。背景权是指那些有辉煌的经历或特殊的人际关系背景、血缘关系背景而获得的权力。

三是感情权。感情权是指一个人和被影响者感情融洽而获得的一种影响力。

（2）企业经济管理者的影响力

所谓企业经济管理者的影响力，即管理者在与他人交往中所表现出来的影响和改变他人心理和行为的能力，也就是我们通常意义上的管理者在被管理者中的威信，以及对下属的感染力、号召力和支配力。

每个人都具有一定的影响力，然而，由于他们具有不同的知识、经验、能力、地位以及权力等，所以他们受到的刺激也有所不同，对彼此心理和行为的影响力度也有所不同。通常而言，刺激量小的服从刺激量大的，前者的心理和行为明显地表现出接受了后者的影响；刺激量大的一方，同样也受到对方的影响，然而，由于影响力度较轻，所以在行为表现中往往没有表现得很明显。

在管理者与被管理者的交往中，一般地说，总是管理者对被管理者的影响要大些，而被管理者对管理者的影响要小一些。从影响力的性质来看，管理者的影响力可以分为权力性领导力和非权力性领导力。这两种管理力的构成因素不同，其作用也不同。

一般来说，权力性领导力来自职位权力，非权力领导力来自个人魅力。

**2. 充分授权：还自己一点轻松**

目前，大部分企业经济管理者都在企业内部进行授权，然而，他们中的大多数都表现出了糟糕的授权技巧。他们不仅不了解工作情况，而且也不了解员工的情况，经常将工作分派给错误的人，浪费了大量的时间，失败之后他们又卷起袖子自己做。这不仅是时间和金钱的浪费，而且还会伤害员工的感情，打击员工的积极性。要做一个轻松的管理者，科学、有效的授权最为关键。

（1）授权的技巧

在企业的经营活动中，每个企业经济管理者都想将自己的能力和威望展现出来，因为这会显示他的权力。为了限制管理者的权力，就出现了不能授权的工作。例如，一些排在最优先的位置并要求立刻处理的特殊工作，还有一些工作是非常机密的，都不能授权。

从原则上来讲，企业经济管理者可以把其他人可以处理的任何工作授权给员工。这就要认真考察所做的各项工作，不要在没有完全了解工作及其预期结果的情况下放弃权力。当清楚地认识了工作之后，也要让员工了解，并向他们说明工作的性质和目标。当权力授下去之后，还要控制工作程序。如果把工作委派出去，自己又不能控制和掌握工作的进度，那么就必须亲自处理这项工作，为该员工安排其他的工作。

（2）评议后放权

在考虑工作人员的人事安排之前，管理者应该全面评估员工。大部分国外企业会花几天时间让他们的员工以书面形式写出对自己职责的评价，要求他们对自己喜欢做什么、还能做什么新工作，诚实、坦率地告诉领导。然后安排一个会议，让每个员工积极表达自己的想法，并请其他人发表意见。在这里，尤其注意两个员工间的交叉工作，因为这会在一定程度上影响工作的

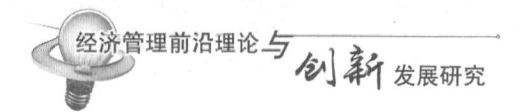

整体效率，应该主动协调。

如果某一个员工对另一个员工有意见，并表示出强烈的反对或提出尖锐的批评意见，这就要求管理者花些时间对员工进行私底下的交谈了。管理者在这一评价过程中，应该了解员工对工作的认识程度和完成程度。如果有的员工比你预期的更了解自己的工作，那么这类员工就可能会承担更加重要的工作。在了解员工工作的进度上，管理者一旦掌握了每个员工对其工作了解的程度和完成工作的速度等情况后，就可以估计每个人可以处理什么样的工作，也就可以决定将什么样的工作委派给那些能实现目标的人。根据对员工的准确分析，我们才有可能从最有才华的员工身上得到最大的收获，但应该避免将一切工作都留给同一个人。

除了上述的两个主要标准外，时间价值也是一个重要因素。即不要把一些次优先的工作分配给公司中具有很强时间价值观念的员工去完成。

（3）择机授权

择机授权是企业经济管理者经常使用的领导艺术。择机授权要掌握好时机。时机把握不好，难以取得好的效果。若8点钟上班，则8点10分召开每日工作安排的碰头会。这是一种最不科学的工作安排方式，因为选择了最不好的时间段授权。这样做也许方便了企业经济管理者，知道员工今天所要完成的工作，但却在一定程度上打击了员工的积极性。员工带着一天做些什么的想法来到办公室，却又接到新的工作，被迫改变原定的日程安排，工作的优先顺序也要调整，这样做的结果往往是浪费了时间。

由此可知，择机授权委派工作的最佳时间是下午，在一天快要结束时可以交代这一任务。这将帮助员工安排第二天的工作。

当然，更好的方法是在选准时机后进行面对面的交代任务。这不仅有利于回答员工提出的问题，而且也可以及时获得信息反馈。充分利用面部表情和肢体动作等形式来表明工作的重要性，从而给员工留下深刻的印象。如果写留言条来安排工作，尽管很快并且做起来也很容易，但并不会引起员工的重视。

（4）清授权内容

企业经济管理者如果要求员工完成一项任务，那么他应该首先清楚地解释为什么选择他去做这一工作，并强调积极的方面。必须向员工指出的是，他的特殊才能是完成这项工作的重要条件，特别是要强调对他的信任。其次，员工还应该知道自己对完成这一工作任务所背负的责任，这将直接影响他目前和未来在企业中的地位。当企业职能转换和拓展新项目时，往往会出现这种情况。

管理者在解释工作的性质和目标时，应该将所知道的一切告知员工，并告知他们全部的目标，谁要求做这件事，要向谁汇报，客户是谁等，让他们了解过去或同行是怎样处理一些类似事情的，以及最后的结果是什么。同时，还要让员工完全理解你希望得到的结果。如果可能的话，尽量将事实、数据和具体目标罗列出来，那种"这件事我要求一定要尽快办理"的说法并不能充分解释这项工作。

基于此，一定要给员工指定一个工作完成的最后期限。让他知道只有在最坏的情况下才能推迟工作的期限，并详细解释如何指定这一期限和怎样合理指定这个期限。

**3. 巧妙引导：让员工快乐工作**

只有保持高涨的工作热情，才能保持最佳的工作状态，很难想象一个对工作不感兴趣的人会全身心地投入工作之中，并取得良好的效果。热情可以更好地激发人的创造力和想象力，并在短时间内取得良好的成绩。然而现实情况下，任何企业部很难使员工永远保持对工作的激情。工作就好比"马拉松"，任何参加过长跑的人都知道，突破"极限"是长跑成功的关键所在，人的体力和耐力随着每一米的角逐而不断消耗，在中途某一段就到达"极限"值，如果没有突破，那么就会失败。在长时间平淡的工作中，员工如果出现厌职情绪，那么根本原因可能是企业经济管理者的领导问题。

（1）变领导为引导

毋庸置疑的是，出现"撞钟和尚"现象的原因在于领导强迫员工做他不想做的事情。长期以来，许多管理者都是通过命令的方式来强迫员工做这个做那个，并没有出现令人满意的结果，这也在很大程度上阻碍了员工的发展。

领导不同于引导，领导含有更多的命令成分，而引导则含有较少的命令成分。领导向引导的转变体现了企业领导者对激励原则灵活运用的高超艺术，能够给员工带来意想不到的激励效果。领导向引导的转变，也对企业经济管理者提出了较高的要求，首先，企业经济管理者需要具备非凡的智慧和洞察企业运行规律的能力，发展依靠员工而不是产品。其次，企业经济管理者应该以身作则，做出表率，身体力行；遵守自己的诺言。管理者只有以身作则，言行一致，员工才能心悦诚服地接受领导，并采取积极的行动。最后，企业经济管理者不能仅凭自己的职务、权力和形式上的地位，还要依靠对员工的信任和指导来树立威信，要肯定员工的工作积极性。

（2）将单调的工作变得有趣

如果一个人热爱自己的工作，再加上工作和他的兴趣相符，他就能发现工作的乐趣，享受工作，并且可以使他自己的能力充分发挥出来。为了有效

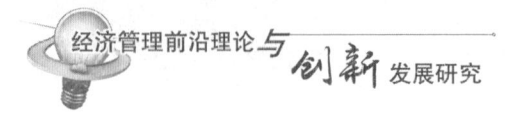

地激励员工，企业经济管理者应该学习领导艺术，并遵循以下几点。

①请一人经办两项或三项工作。

②改变工作内容。例如，检查工作每半天或一天交换一次，即可发生变化。

③改变作业气氛。例如，经常改变作业台的位置，工作场所或房间格局，使工作环境看起来焕然一新。

④添加一项工作。例如，可以给予原本从事加工的工人一份质量预检等工作。

⑤将工作分成几段。一个人如果总是做同样的工作，那么做事就会拖拖拉拉。每天都这样，就会出现异常的工作气氛，所以需要在短时间内将那些容易完成的小目标一个个分开，这样，员工就会有成就感，也就不会消极地对待工作。

⑥可以找一部分人以人工操作的方式代替全自动操作的机械作业。

⑦工作时提供喝下午茶的时间，从而增加一点乐趣，使员工在繁重的工作中得到休息。

（3）指导员工由"厌业"到"乐业"

企业经济管理者应该通过艺术的方法指导员工改变环境，使员工对工作更有兴趣。

①改变员工对工作的看法。如果员工认为工作单调，那么就会觉得工作乏味。这就需要改变员工对工作的看法，使其对工作产生兴趣。例如，给员工看一张支票后，引导他们想象这笔钱是从哪里来的，将被用来做什么，经过一番有趣的思考后，员工便可以了解公司的财务情况。看到一个零件，就能联想到该零件可能在何处制造、有何用途、有何特征、别家公司是否制造过同样的产品，经过这样的考虑和验证，就可以了解同行分布、公司的概况，从而产生无穷的趣味。

②指导员工专心工作。无论工作有多简单，都不能一成不变，今天的工作不可能完全和昨天一样，或许材料有好、有坏，或许做法有些许不同，很多人都忽略了这一点。如果企业经济管理者能注意到这一点，那么他们可能会发现过去没有发现的问题，他们也会明白，不仅仅只有一种工作方式，而且还可以考虑运用各种方法来指导员工专注于自己的工作。

③分析工作。如果员工自己认为工作单纯，那么企业经济管理者不妨帮助员工分析其过程，实现更高境界的追求。

无论企业经济管理者使用什么方法，都很难改变单纯的作业，应该尽可能地鼓励员工思考或为他们创造竞争对手，只有这样，才能充分激发员工的干劲。

### （4）帮助员工完成任务

世界变化太快、越来越不可捉摸，与过去相比，现在需要的领导方式要深刻得多，这就是领导力。领导力是帮助员工完成能力所及的事，规划未来的远景，对员工积极鼓励、引导，建立并维持成功的人际关系。

### 4. 有效激励：促使员工不懈进取

激励是一种领导艺术，它能在很大程度上激发员工的潜能。但由于激励具有不同的手法，效果也不同，甚至同样的激励不一定对每个员工都有效。这就涉及激励的技巧问题。领导激励的技巧应恰到好处，否则，会适得其反。

### （1）施者大方，受者实惠

只有认可员工，才会激励他们更加努力地工作，或者员工才能继续保持对工作的热情，因为他们的努力得到了认可，这是积极的意义。如果管理者将激励演变成他自己很满意，而员工不是莫名其妙、就是不以为然，这将会使企业得不偿失。

企业经济管理者尤其注意如何做到"施者大方、受者实惠"。在工作中，及时给员工一个微笑、拍拍员工的肩膀……都是激励员工的一种方式。并不是所有的激励方式都应该兴师动众。

一般来讲，有效的激励往往能够超出"受者"的预期，这是汉高祖刘邦最常用的手段。有人来自荐，先对他不理睬。等到对方生气或破口大骂时，然后再找人追回他，意想不到的是，封他一个大司马或大将军。当"受者"失意时，突然受到极大的激励，他在这个时候诚惶诚恐，怎能不为刘邦卖命？

某甲一直想买一台除湿机，因为最近天气恶劣，雨水很多，家里又有小孩，所以除湿机变得越来越重要。在这时，管理者布置给某甲一项任务，并设定一个完成期限，当任务完成后，不仅能够得到公司的奖励，而且还将赠送给他一台除湿机作为奖励。在这种情况下，某甲必定会全力以赴。

激励措施往往是及时有效的。当一个员工做得很好或需要额外的努力来完成工作时，管理者很有必要给予他一些激励。管理者不应该因为自己高兴就激励员工，而应该在他们需要的时候提供激励。只有这样，企业、领导者和员工才都能从中受益，这一模式才可以说是正常合理的。

### （2）给得好，不如给得巧

激励太早，员工会忘记他的责任和必须为之奋斗的目标，有时候甚至会出现一种误解，认为很容易获得这种激励，并且也没有付出很大的努力。这不仅没能很好地激励员工，而且也对员工造成了误导，这是非常不可取的。

激励太晚，会在一定程度上伤害员工，并且使他们对企业和管理者失去

信心，从而在企业内部形成了负面影响。最后尽管出现了激励措施，然而却始终无法消除负面的影响。

激励艺术恰到好处在于：首先，明确设定激励因素，适当对工作完成程度予以说明；其次，应该及时激励，当员工的工作一完成，立刻给予实质性的激励。

（3）公平激励，防范产生副作用

领导激励一位员工，是非常简单的。同时激励两位或两位以上的员工可能会很复杂。在同时激励两位员工时，他们之间肯定会相互比较，比来比去，为两个桃子可以杀掉三位将军（二桃杀三士）。身为领导者，岂可随随便便掉以轻心？

实际上，激励员工的大多方法往往与福利挂钩。所谓奖金的发放，就是根据平时的成绩进行等级的划分，不要在分发奖金时再进行额外的绩效考核，这将很容易引起争议和纠纷。发放奖金的目的原本是好的，企业、领导者、员工三者肯定不愿意演变成员工奖金分配不均的内讧。

激励也存在一定的风险，激励不当往往比没有激励对企业和员工造成的伤害更大。然而，如果没有任何激励，员工又会抱怨，认为工作做起来没有激情和动力。因此，做好激励工作需要深思熟虑，三思而后行。

**5. 整合团队：实现整体优势最大化**

美国管理学家詹姆斯·马克说过："要想取得变革时代的成功，就应充分运用人力资源，尤其要尽力形成强大的团队合力。"

对企业经济管理者来说，建立一支强有力的团队，等于为自己打造了一支无往不胜的常胜军。

企业经济管理者欲建立一支高效强有力的团队要讲究以下几种领导艺术。

（1）精选共同目标

共同目标是团队存在的基础和奋斗的方向。因此，首先要精选一个共同目标，并采取有效的策略，贴合每个员工的思想，使他们全心全意地实现这一共同目标。这一目标是员工在客观环境中的共同愿望的具体体现。它的前提条件是实现企业的整体利益，同时包括员工的个人意愿和目标，充分体现员工的个人意志与利益，具有足够的重要性和吸引力，能够激发团队成员的激情，同时，这一目标应该随着环境的变化而调整。只有这样，才能充分调动员工的积极性和创造性，从而实现整个团队的效率最大化。

## （2）聚集人才

企业经济管理者应该对人才予以重视，提倡学习和创新。人才是企业生存之本，是否拥有一批高素质人才直接决定着企业的成败。当今跨国企业竞争的焦点之一即人才的争夺战，哪个企业有优秀的人才，哪个企业就有优势赢得这场商战。在知识经济时代更是这样。然而，仅仅有人才是不够的，必须善于培养和运用人才，还要充分激发他们的潜能，培育他们的创新精神，从而为人才的发展和成长提供广阔的空间。

世界著名企业家比尔·盖茨说他成功的领导艺术就在于重视人才和学习，连续不断地进行创新。

## （3）协作与沟通

企业经济管理者应该使团队成员之间紧密团结和高效沟通，这样不仅可以减少成员间的矛盾和冲突，促进成员相互了解、相互帮助和相互交流，还可以实现各成员的能力最大化，从而实现整个团队的目标，与此同时，还可以共享团队成员间的智力资源，促进知识创新。

### 6. 激发"冲突"：让企业在斗争中新生

（1）企业需要"冲突"，否则就会缺乏生气

人们往往很难接受激发冲突这一概念。在大部分人心中"冲突"一词具有十分明显的消极含义，故意制造冲突似乎与优秀的领导背道而驰。很少有人愿意将自己置于冲突的境地。但是，相关研究表明，在某些情况下，不断增加冲突可能是具有建设性的，实际上，很难在功能正常和功能失调的冲突之间划清明确的界限。尽管没有一个明确的方法来评估是否需要增加冲突，但作为一个领导者，应该有意识地培养自己这方面的能力。

人们对解决冲突的了解比对激发冲突的了解多得多，这很自然，人们对减少冲突这一主题的关注已有几百年或上千年的历史了，而对激发冲突却缺乏深入思考，然而在当今的变革时代，人们开始对该主题感兴趣了。

（2）管理者激发"冲突"的手段与艺术

下面一些建议可能会对企业经济管理者的领导艺术有些作用。

①改变企业文化。激发功能正常冲突的第一步在于管理者应该将这样的信息传递给下属，冲突具有合法的地位，并支持自己的行动，应该大力鼓励那些敢于挑战现状、倡议革新观念的个体。

②引进外来人。改变企业或部门停滞迟钝状态所普遍使用的方法是：通过外部招聘或内部调动的方式引入那些背景、价值观、态度或管理风格与当前团队成员不同的个体。在过去的10年中，美国很多大型企业采用这一办法

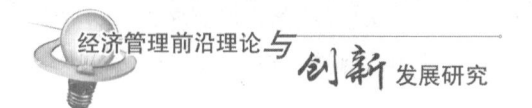

来填补他们董事会的空缺。那些在背景、兴趣方面与原董事会成员极不相同的人员被有意地选择进董事会，以增加新见解。

### 7. 有效沟通：促进信息交流与相互理解

在我们所做的任何事情中，沟通无处不在，它是形成人类关系的基础。人类登上另一星球的梦想已经实现，现在正试图与宇宙中的其他生物交流。在所有的技能中，沟通是最具有人性的。

有效的沟通在各行各业都很重要，比如会计、社会工作者、工程师、医生、教师、管理者等。正如埃利斯和威廷顿所指出的，很少有不需要沟通的工作，尤其是从事管理工作的人，在工作方面接触其他部门或人时，更能凸显沟通技能的重要性。管理活动相关实践表明，管理者花在与他人沟通上的时间约为70%，花在分析问题和处理相关事宜上的时间约为30%。

显而易见，企业经济管理者必须掌握与他人沟通的技能，并且也必须将其大部分时间花在与他人的沟通上。

美国管理学家阿法尔指出：领导者应该用70%的时间与他人沟通，其中用于单个会谈的时间近1/3。领导者不仅要充分表达自己的观点，还要善于处理各种情况，并将他们的观点付诸实践。领导者不仅需要具备专业的知识与技能，还需要具备与他人沟通的能力。

对于任何管理者而言，不管身处何时何地，都应该与他人沟通，但有些管理者常常不重视沟通，有时甚至有所忽视。

有专家发现，领导者往往低估了他们与他人单独沟通的时间，而群体沟通往往效率低，沟通中只有20%～25%的有效信息。

由于企业经济管理者对有效沟通有着不同的理解和不同的沟通能力，所以他们的行为往往有着很大的不同。在过去，管理者应该具备写报告、做致辞和发动员工的能力。而如今，领导者还必须具备会谈、谈判等能力。经验丰富和能力突出的管理者还会运用各种各样的技巧，让员工获得尊重，并从他们那里得到反馈。

所有的沟通行为都是在一种社会环境下发生的，因此，沟通往往被视为一种社会性能力，当然，管理者都具有不同的沟通能力，只是有些人很擅长，而有些人很一般。

两个人之间的沟通和群体内部的沟通都非常重要。工作中缺乏有效的沟通不仅会影响管理者的效率，而且在很大程度上也妨碍了与之沟通的其他人的效率。

作为培训企业管理高级人才的MBA，之所以一直将沟通作为管理的重要课程，就是因为离开了沟通，便无法进行管理，至少是无法进行有效的管理。

### （三）企业经济管理者的创新思维

在新的时代，随着工业社会向信息社会的全面转化，区域经济国际化、市场化、信息化、集团化、网络化，对企业亦提出了学习、思考、创新的新要求。依靠智能创新成为企业生存和发展的原动力。要创新变革企业，企业经济管理者首先必须要具有创新思维。

**1. 创新是对经验思维的扬弃**

我国企业经营者和管理者，一般都有相当的实践经历和经验，但许多人又都不具有较高的学历和文化教育程度，缺乏较为系统的经营管理理论。所以，他们中的不少人在经营管理中往往从以往的经验出发，从而陷入经验主义的思维方式中。而作为现代企业经济管理者，他们必须对经验有抑有扬，不能沉湎于经验主义思维中，这样才能更有效地进行管理变革。这是变革对领导者的最起码要求。

通常所说的"经验思维"，是以人们的日常生活、日常行为（包括心理行为，特别是心理行为与外在行为的结合）所积累的知识而进行的一种思维类型。

经验思维方式是同市场经济的要求格格不入的，它会把宝贵的经验财富异化为沉重的负担，它会害己害人，而最终可能导致历尽艰辛开创出来的事业功败垂成。

经验思维虽存有弊端，但不应全盘否定。一个人的经验是十分宝贵的智力财富，如果将经验上升到理论，则是更为宝贵的智力财富。而这种智力财富，有一个十分独特的特点：随着年龄的增长，它会日益丰富，日益有高附加值。因此，对经验思维的正确态度要进行合理的扬弃。

**2. 思维的超越性与创新思维**

头脑中的思维活动是一种特殊性质的"活动"，与人们的其他"活动"有着明显的区别。

①思维能够超越具体的时间限制，就是说，能够在头脑中构想具体时间之外的事物和情景。

②思维可以超越特定的空间限制，在头脑中建构特定空间之外的事物和情景。

③思维能够超越具体的客观事物。比如，我的眼睛望着电脑屏幕，难道我的头脑中就非要出现一个电脑屏幕？而且只能出现一个电脑屏幕？又比如

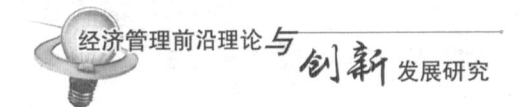

"卖火柴的小女孩"能够在火柴的微光中看到热气腾腾的烤鹅和慈祥的老祖母。其实,普通人在正常状态下同样能够做到。伸手掏口袋,摸到一叠卫生纸,而思维中显现的却是一叠百元大钞;听着海浪单调的拍岸声,而头脑中出现的却是一首音调优美的乐曲……

超越性不仅是人类思维最基本的属性,而且也是思维产生创造力的根本原因。也就是说,思维的超越性是所有创意的来源。简单地说,创意就是现实世界中并不存在而仅仅存在于头脑思维中的东西。爱迪生在试制成功第一只电灯泡之前,他的头脑中已经塞满了1000多种电灯泡的模型。

"创新思维"是大脑构造创意的过程,也称创意构思。它具有如下特点。

①独特性。与众不同,前所未有。

②多向发散性。既非单向也非单一的思维方式,创新思维是多答案的,思路是立体型的。事实上,世界上每个问题都绝非只有一个答案。而创造,从某种意义上来看,即从许多可能的方案中选择最好的方案。

③非逻辑性。出人意料的创意往往是非逻辑思维的产物,否则人人就都能容易地按逻辑分析而想到。

④联动性。一般来讲,创意常常是由看似毫不相干的事物激发出来的,思路豁然开朗而获得的。

⑤综合性。创意综合了多种思维方式,在综合中也有所创新。

总而言之,创新思维是一种以非习惯的方式思考问题的能力,就是看与别人所见相同的东西而想出与别人所思不同的东西。

创新思维相比于常规思维来说,二者的本质区别在于常规思维往往都是逻辑思维,而创新思维不仅包括逻辑思维,还包括各种形式的非逻辑思维。

一般来讲,逻辑思维的实现是通过判断、推理、比较、分析、综合、归纳、演绎等逻辑方式,这是我们一般都比较熟悉的。

非逻辑思维是超出逻辑思想的思维方式的统称。它们不讲逻辑,但一些非逻辑思维发展到一定程度后,也会逐渐发展成逻辑思维。

非逻辑思维的类别也较多。从思维的内容与由来分,包括形象思维、联想思维、直觉思维与灵感思维等;从思维过程的形式特点来分,可分为发散思维和集中思维;从常规思维的思路来看,可分为逆向思维与侧向思维等;从整体特点上看,还可分为立体思维、超前思维、开拓型思维等。

创新思维是逻辑思维与非逻辑思维的密切结合。逻辑思维的形式大家比较熟悉,这里重点介绍一下非逻辑思维的一些主要形式。

①想象。想象这一形象思维形式是可以控制的,想象能力是创新思维能力的核心。当人们失去想象力后,那么他们的创造力也会丧失。想象是一种

非常重要的思维方式。爱因斯坦说：想象力比知识更重要，因为知识是有限的，而想象力概括着世界上的一切，推动着社会的进步，并且是知识进化的源泉。

②联想。联想是大脑中的一种跳跃式的检索信息的方式，是从一个事物的现象、特征与变化想到另一个事物的现象、特征与变化，但二者之间不一定存在逻辑联系。联想思维方式也是所谓的由此及彼、触类旁通。联想思维这一非逻辑思维形式是非常有用的，在创造活动中，它有助于在众多的事物信息中获得有益的灵感，并用来解决自己要研究解决的问题。

③直觉。直觉是人皆有之的一种潜意识（下意识）活动。直觉是一种未经逐步分析的过程便能对问题的答案做出迅速而合理的判断，或忽然领悟其答案的一种思维方式。直觉在创造活动中也经常出现并十分宝贵。由直觉而产生的新的判断，一般都需要事后的逻辑证明与实践检验，在被验证以后才能作为新的创造而确立。

④灵感。灵感是一种潜意识活动，通常是对事物规律的突然理解，或是在解决问题时突然想到的创造性想法。现代科学证明，灵感不仅是思维发展到一定阶段的产物，而且也是大脑中的一种特殊机能，是人的认识的质的飞跃。

⑤逆向思维。所谓逆向思维，即有意识地朝着不同于常规思维的方向去思考问题的一种思维方式，即"从反面去想想""唱唱反调"。因为主动打破了常规思维的单向性、单一性、习惯性与逻辑性，所以，尽管不符合常规逻辑，但也可以更具有创新性。

⑥侧向思维。在常规思维搞不出创新的情况下，新思路也不一定都与常规思维逆反，如果我们从另一个角度出发，走第三条路，善于从其他离得较远的领域，利用局外信息来取得启示的思维方法，就是侧向思维方式。

⑦发散思维与集中思维。发散思维又称扩散思维，是一种让思路多方向、多数量全面展开的立体型、辐射型的思维方式。发散思维不受一切原有的知识圈及所有的条条框框的束缚，尽量拓宽常规思路，事实上是创造过程的第一阶段，即先求数量、先拓宽思路的阶段。集中思维又称收敛思维，不同于发散思维，这是一种将被拓宽的思路向最佳方向聚集的思维方式。实际上是创造过程中紧接着发散阶段的从数量到质量的阶段。一般而言，发散思维与集中思维同时使用。先发散，后集中，或从发散到集中的多次循环，这就是从拓宽思路到解决问题的创造过程。

⑧立体思维。立体思维有狭义与广义之分。狭义的立体思维即把常规的平面型思路模式扩展到空间，将二维思考演变成二维思考。广义的立体思维

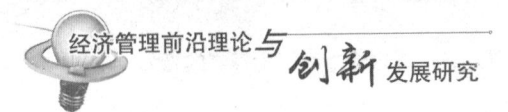

则是指对一切固定观念、一切条条框框的突破的全方位创新思考。

从以上列举的各种主要的非逻辑思维方式中可以看出，非逻辑思维方式的确是我们突破思维障碍，开展创造所必不可少的有力工具，尤其是在管理变革中多种未知事物的预见和处理更需要这种思维方式。然而，若过分强调非逻辑思维在创造中的决定作用，片面否定逻辑思维的重要作用，则必然会走进另一个极端性的认识误区，结果也必然得不到强有力的有效创造，给变革工作带来负面影响。因而，只有掌握逻辑思维与非逻辑思维紧密结合的思维艺术，才能真正形成创新思维。

## 三、企业经济管理者应具有的能力

企业经济管理者的能力是其诸项素质有机结合所形成的综合能力。它表现为企业经济管理者凭借着自己的道德品格素质、个性心理素质、身体与年龄素质，将知识与经验相结合，并在企业经营管理的过程中进行运用的能力。道德品格、个性心理等方面素质机械地相加并不等于能力，它们只是能力的基础，是形成能力的条件。只有把这些素质具体运用于解决企业经营管理的实际问题时，才能转化为能力。对于企业经济管理者来说，道德品格、个性心理、知识、经验、身体与年龄固然重要，但是归根到底要落实在能力上，因为只有能力才最直接地影响和决定管理变革的成败。

### （一）企业经济管理者的决策能力

在社会主义市场经济体制下，企业将成为独立的法人主体和经济实体，企业家则成为企业真正的领导者和驾驭者，这就要求企业经济管理者在分析企业外部环境和内部条件的基础上，确定企业的发展目标、制订企业的经营计划、选择最佳的经营方案。即要求企业经济管理者必须具备决策能力，即企业经济管理者要能够做出正确的决定，要具有将正确决定付诸实践的勇气和使别人相信决定是正确的能力。企业经济管理者的决策能力是关系企业生死存亡的大问题，是企业家应该首先具备的能力。

### （二）企业经济管理者的组织能力

企业经济管理者要为企业建立能满足企业生产经营活动需要的组织结构，合理地配备人力资源和其他资源，制定科学的组织规范，建立起一套科学完整的责任制体系，为提高工作效率和劳动效率奠定坚实的组织基础。关于企业经济管理者的组织能力，德鲁克有过精辟的论述。他指出："今天，我们再度进入了强调企业领导者活动的时代。但是，这与一个世纪以前的企业家活动是大不相同的。一个世纪以前的企业领导者活动，只是某一个人自身经营、管理、支配和组织事业。而现代的企业经济管理者活动，则是创造出某种组织，指导它向新的方向发展。……历史往往呈现出循环往复的现象。某种事物发展到现在，又重新回到以前的位置，归结到过去的问题上。但这时候它的次元更高了，呈螺旋状地上升了。"由此可见，现代企业经济管理者应该具有开展组织事业的能力。如果不具备这种能力，就很难适应变革时代的要求，管理变革工作也就无从谈起。

### （三）企业经济管理者的协调能力

在企业内部，企业经济管理者经常要与自己的同僚和部下以及员工沟通；在企业外部，企业经济管理者又经常要与贸易伙伴、顾客和社会管理部门沟通。这就要求企业经济管理者应该具备较强的协调能力和解决各种矛盾的能力，即正确处理企业内部各种关系及企业与外部各个方面的关系。只有企业内部上下级之间、各部门之间、员工之间关系协调，才能形成强大的凝聚力，使企业的各项工作正常运转。只有企业与外部环境之间关系协调，才能树立起良好的企业形象，从而赢得消费者和贸易伙伴的信赖以及社会各界的支持，使企业的各项事业更快地发展。

### （四）企业经济管理者的创新能力

企业经济管理者在经营企业的过程中，要不断地提出新设想、新方案，采用新技术，不断地标新立异，追求日新月异。这正如萨伊在两百年前创造出企业家这个词时所声明的：企业经济管理者是专门打翻和瓦解旧有的一套的人。这也正如对企业经济管理者理论做出重大贡献的熊彼特所说的：企业经济管理者的任务是从事"创造性的破坏"。现代市场经济是一种竞争性很强的经济，企业要想在竞争中处于有利的地位，就必须使生产经营活动独具特色，始终处于同行业领先的地位，以增强企业的竞争力。这就需求企业经济管理者要对新生事物具有高度的敏感性，要有丰富的想象力，要有宽阔的视野，要有锐意进取的雄心和勇气，要有接受和采纳新观念、新方法、新技术的胆识与气魄。

### （五）企业经济管理者的激励能力

企业经济管理者的激励能力表现为善于调动下级的积极性，使下级保持旺盛的工作热情和强大的工作动力。在企业管理的过程中，企业家领导者要将部下和员工的行为引导到实现企业目标的方向上来，这助于强化企业目标的实现。激励是企业经济管理者引导和强化员工行为的重要手段。企业经济管理者通过运用表扬与批评、正强化与负强化、物质奖励与精神鼓励等一系列具体的手段，激发出部下和员工的工作热情和工作干劲。企业经济管理者的激励能力具体表现在以下三点：一是准确地了解员工的现实的最基本需要有哪些，这是激励其工作积极性的前提；二是重视员工高层的精神需要，这有助于员工树立健康、积极进步的工作态度；三是综合运用各种激励手段，这是增强企业整体活力的有效对策。

### （六）企业经济管理者的用人能力

企业经济管理者的用人能力主要表现为是否能做到知人善任。"知人"即了解人，我国清朝教育家魏源曾经说过："不知人之所长，不知人之所短；不知人长中之短，不知人短中之长，则不可以教人也。"教育人是这样，使用人也是这样。企业经济管理者要善于了解自己的助手和部下的思想状况、性格类型、特长倾向、知识水平、工作能力和兴趣爱好等，为正确地使用人才奠定基础。"善任"即使用人，企业家应该根据每个人的具体情况，恰当地安排和任用，从而做到人尽其才，才尽其用，才职相称，各得其所。我国古代汉朝汉高祖刘邦在总结能够战胜强大的项羽的经验时曾经说过：论带兵打仗，我不如韩信；论管理钱粮，我不如萧何；论运筹于帷幄之中，决胜于千里之外，我不如张良。但是"三者皆人杰，吾能用之，此吾所以取天下者也"。因此，企业经济管理者在用人的时候必须豁然大度，敢于启用能力强于自己的人。美国著名企业家"钢铁之父"卡耐基的墓碑上刻着一首短诗。

这里安葬着一个人，

他最擅长的能力是，

把那些强过自己的人，

组织到他服务的管理机构之中。

由此可见，企业经济管理者不一定要种种能力强过别人，但他必须有敢用强人的心胸和魄力。企业经济管理者在用人时还应做到用人之长，切忌求全责备。金无足赤，人无完人。企业经济管理者要善于用人所长，容其所短，扬其长而避其短，充分发挥人的潜能，使助手和部下能在适宜的外部环境中放手工作，更积极、更主动地工作。

### （七）企业经济管理者的规划能力

企业经济管理者的规划能力表现为能够在进行市场调查研究、市场预测和分析、企业内部人、财、物力等资源分析的基础上，制定企业经营的目标，科学地设计出实施该目标的步骤，使企业的各项工作在动态的客观环境中，随着时间的推移，高效而有序地展开。

### （八）企业经济管理者的判断能力

企业经济管理者的判断能力主要表现为善于调查了解企业各方面的情况和外部环境，并科学地加以分析，及时发现存在的问题，以及科学地判断出现的各种异常现象，并采取相应的改进措施。企业经济管理者的判断能力是企业经济管理者科学决策和指挥的前提。企业在激烈的市场竞争中，存在着各种各样的机遇和风险，作为一个企业经济管理者，应该凭借着自己的判断能力，审时度势，做出科学决策和果断指挥。

### （九）企业经济管理者的应变能力

企业经济管理者的应变能力是指企业经济管理者及时地调整企业的既定目标、方针、计划、战略及策略，以适应外部环境要求的能力。在企业的经营过程中，企业经济管理者要密切注视外部环境和内部条件的变化，客观地分析发生这些变化的原因及其对企业经营活动造成的影响，及时采取各种有效的对策和措施，以避免失误、降低风险、抓住机遇。

### （十）企业经济管理者的社交能力

企业经济管理者的社交能力主要表现在企业家与企业内外、上下、左右的有关人员的交际和往来上。在企业的经营过程中，企业经济管理者要代表企业与贸易伙伴、客户或银行、工商、税务、财政等部门交往，在进行这些交往活动时，企业经济管理者要具有强烈的公共关系意识和社交能力，要善于处理各种复杂的关系和应付各种局面，处理好企业与社会诸方面的关系，从而有助于良好企业形象和企业家形象的树立。

## 第二节 经济组织管理者应重视的工作方法

### 一、经济组织管理者应掌握的工作方法

在经济工作中，作为管理者，要取得事业成功，必须十分重视领导方法。以下几个方面务必重视。

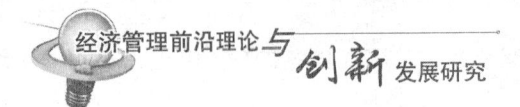

①要坚持一般和个别相结合，领导和群众相结合的工作方法。凡事既要有一般号召，也要进行个别指导。重大决策要听取群众意见，做到从群众中来，再到群众中去，不搞主观主义，不盲目决策。

②重视例外事件，切忌事务主义。所谓"例外"事件就是制度上没有明确规定的事，因为它无章可循，所以要求领导者认真研究并及时决策，不能拖延。凡制度已有明确规定的事，可由职能部门按程序去办理，不要事必躬亲，切忌陷入事务主义。

③要学会珍惜时间，既要珍惜自己的时间合理安排工作，也要珍惜别人的时间。不开无准备的会，不让无必要参加会议的人"陪会"。

④要尊重别人，平等待人。须知在工作上，人有职务之分，而在人格上，人都是平等的，无贵贱之别。尊重别人会增强凝聚力能使工作提高效率。相反，则会挫伤别人的积极性。但尊重别人并不等于什么人的意见都接受。对一些错误的意见，要及时在适当场合提出善意的批评，以免散播，涣散人心。

⑤重视信息沟通。与上级、同级、下级都要注意信息沟通。多沟通就可以减少误解，做出的决策就可能更符合实际，易于贯彻落实。

⑥要关心职工，从思想、生活、工作，多方面了解职工情况，实事求是地帮助他们解决一些实际问题，力求全体职工都能愉快地工作和生活，感受到"大家庭"的温暖。

⑦重视激励和鞭策。对企业有功的人员，要及时地在精神、物质等多方面予以鼓励，使他们感到工作、生活很有价值，乐于奉献，觉得在这里工作有前途、有奔头，促使其更加努力工作。对犯了错误的人，要适时批评教育，处分，予以鞭策，以诫他人。

⑧善于向别人学习。须知，上级、同级和下属人员各有所长，要注意取人之长以补己之短。尤其要重视向领导班子的成员学习，因为各人的学历、经历、分工不同，而又在一起工作，相互学习的机会很多，以求把工作做得更好。

以上只是一般而论，在实践中情况千差万别。因为各人的世界观、人生观、价值观差别很大，有人是"事业型"的，有人是"权利型"的，有人是"享受型"的。在国外，有的管理学者曾提出过"X，Y理论"以及"权变理论"等观点，这些都可供我们参考。

## 二、经济组织管理者可借鉴的四大法则

有人曾形象地提出了管理工作中应注意的四大法则，"四大法则"的正确运用会对管理者有所帮助。

## （一）南风法则

南风法则也称温暖法则，源于法国作家拉封丹的一则寓言：北风和南风比威力，看谁能把行人身上的大衣吹掉。北风首先吹来一阵冷风，寒冷刺骨，结果行人为了抵御北风的侵袭，便把大衣裹得紧紧的。南风则徐徐吹动，顿时风和日丽，行人因之觉得春暖上身，始而解开纽扣，继而脱掉大衣，南风获得了胜利。

温暖胜于严寒。在管理中，管理者应该积极运用南风法则，即尊重和关心下属员工，以人为本，努力解决下属日常生活和工作中的实际困难，使下属真正感受到来自领导者的温暖，从而更好地激发他们对工作的热情。

## （二）热炉法则

任何单位都有各自的规章制度，任何违反规章制度的人都会受到相应的惩罚。热炉法则生动地说明了惩处的以下三个原则。

### 1. 警告原则

热炉火红，不用手摸也知道炉子是热的，是会灼伤人的。即领导者应该经常叮嘱下属学习关于规章制度方面的内容，从而告诫他们不要触犯纪律，否则他们会受到相应的惩罚。

### 2. 公平原则

任何一个人碰到热炉，都一定会被火灼伤。它告诉人们，制度面前人人平等，说到就会做到。即不管是谁触犯单位的规章制度，就一定会受到惩罚，管理者也是如此。

### 3. 即时性原则

当碰到热炉时，马上就会被灼伤。即必须在发生错误行为之后立即进行惩处，绝不拖延时日，以达到犯错的人及时改正错误行为的目的。

## （三）刺猬法则

刺猬法则是说两只刺猬由于又冷又困而抱成一团，但是因为有刺而睡不好觉。几番折腾，两只刺猬分开了，虽然外面寒风呼呼，但每只刺猬都睡得很好。所谓刺猬法，即人际交往中的"心理距离效应"。管理心理学家的研究表明，为了做好工作，管理者应该与下属保持密切的关系。需要引起注意的是，如果领导者和他的下属走得太近，太过亲密，那么二者很容易在工作中失去原则。

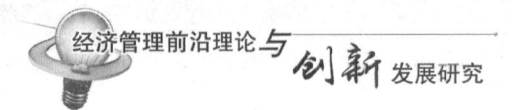

### (四)金鱼缸法则

金鱼缸的材质是玻璃，具有很高的透明度，不管从哪个角度来看，都能看清里面的情况。金鱼缸法则在企业管理中的应用即要求领导者提高各项工作的透明度。随着单位内各项工作的透明化，领导者的行为才会被全体员工监督，这将有效防止领导者的权力滥用，从而加强领导者的自我约束机制。由此可见，透明公开是防止腐败的法宝之一。

## 第三节 经济管理者的基本技术素质

### 一、决策技术方法的应用

在管理工作中有很多技术问题，有"软技术"和"硬技术"之分。软技术多用于定性决策，硬技术则多用于定量决策。随着科学技术的高速发展，很多硬技术的决策，都借助于计算机去完成。但计算机运算的前提是要输入相关数据。因此管理者要为计算机提供基础数据和资料。但有些技术的应用仍需由管理者借助其他工具来完成。

所谓决策前面已经说过，是为了实现某一目的而从若干个可行方案中，选择一个最优方案的分析判断过程。决策正确与否，对未来产生直接影响，它是对领导者能力的直接衡量。对于重大决策，由于它影响的时间长，风险可能更大。因此，决策要十分慎重。有的重大决策还应经过一个较长时间的酝酿和讨论。

决策的过程一般可分五个步骤：一是问题的提出（如企业需要一个未来五年的发展计划）；二是提出最终目标的意向；三是拟订可供选择的行动方案；四是对方案进行分析选择；五是最终确定目标和最佳方案，并付诸实施。当然在实施决策的过程中还可能需要调整和修订。

决策的方法需要视决策问题的性质、紧急程度和重要程度来决定。一般说，一些重大问题需要集体决策；一些业务问题按授权范围由个人决策；有些问题还需要向专家咨询；有些在紧急情况下发生的问题，需要领导人当机立断做出决策，如果越权，在事后还应向有关方面做出说明以求谅解。另外，需要决策的事，有些只要"确定"即可（如组织机构调整、干部聘任等）；而另一些决策则要做定量分析（如投资项目、技术改造项目、企业年度生产经营计划等）。

## 二、排列图、曲线图、分布图的应用

### （一）排列图

排列图因是一位叫作甘特的管理学家首先应用于管理，所以又称甘特图。如今在书籍、报刊上应用颇多，如比较计划完成率，比较不同企业、地区的经济总量，比较增长率等均可应用排列图。

### （二）曲线图

曲线图是同一单位的数量、金额、人口等在不同时期的变化情况所连成的曲线。从曲线的变化中不仅可以看出发展轨迹和发展趋势，而且还可以运用相关数据计算出平均变化值，以便为决策者参考。

### （三）分布图

一般以一个圆的面积表示总量，以百分比面积表示各不同类项占有的比例，既可进行不同时期总量（总面积大小）的比较，也可以从中看出不同类项的比例变化。

以上介绍的只是最简单的几种图表，实际上可供使用的图表很多，这里就不做赘述了。

# 第七章　现代企业经济管理的创新与发展

企业经济管理是企业发展的核心，在新的历史背景下，只有将创新作为经济管理的重要目标，才能确保企业的长期可持续发展。虽然我国经济的快速发展和国际化交流日益频繁，现代企业制度已逐步得到了企业的认可，但实现先进的经济管理措施与企业自身实际状况相协调还有许多工作要做。本章将从现代企业经济管理中存在的问题、现代企业经济管理的创新策略和企业经济管理创新与发展三个方面进行阐述，提出经济管理创新应把握的重点。

## 第一节　现代企业经济管理中存在的问题

### 一、企业经济管理概念

企业在工作上有切实可行和长远规划战略目标的前提下，引入各项经济管理体系的做法被称为企业经济管理。其中，经济管理体系的项目都包含了经济管理体系文件和评审、组织机构设置和职能、内部审核、资源管理、数据分析、不符合控制和材料采购过程的经济控制、遵循法律和法规等项目。在解决管理企业问题与各种人事和经济的问题方面，都要通过系统的管理方法进行发现和解决，并通过加强工作上的严谨性、优化企业的内部编制来切实地推动企业的发展，提高其外部竞争力，使企业利润的实现保持稳定，从而更好地提升自身的核心竞争力，以便在竞争中长期处于不败之地。

### 二、企业经济管理中存在的问题及对策

#### （一）存在的问题

企业在进行生产经营活动时，是同时受到内部条件和外部条件制约的。如今的企业在经济管理方面，无论在哪个环节都无法做到完美，且总会有各种问题出现。

企业发展状况的好坏直接体现在经济管理水平和质量上，企业健康发展的重要标志是优秀的经济管理模式，企业的经济效益直接由它决定，同时还对企业要实现的目标和决策部署有着深刻影响。到目前为止，依旧有非常多的问题在我国现代企业的经济管理中出现，如果得不到合理解决就会使企业建设得不到健康发展。因此，企业的决策者在解决问题时先要知道经济管理的问题都有哪些，按照出现的问题依次采取有效措施加以改进。

我国的改革开放是朝纵深发展的，市场经济体系也逐渐变得健全与完善，各类企业都已经走出国门、走向世界，在世界市场经济的竞争中抢占一席之地，同时各企业的经济管理理念和管理方式也慢慢与世界接轨。这无疑是为了给我国的企业发展提供更为广阔的环境与空间，但也要注意，这不仅仅是机遇，也是一项巨大的挑战。我国改革开放的时间并不算长，因此在现代企业的经营管理中，能够借鉴的经验不太多，特别是跨国公司之类的大企业在逐步走向世界时，就明显可以看出它的管理模式和经验，与那些快速扩张的企业规模是不匹配的。因此我国现代企业需要解决的问题就是，企业在做大做强中遇到困难该如何解决，以保证企业的发展健康有序。

**1. 缺少有效的经济管理控制**

尽管在经济管理过程中，企业已经制定好相应的管理制度，但这些制度在实际实现的过程中并没有得到好的应用，基本都流于形式，执行力度不足，最终知识经济管理并未将其价值得到充分发挥。在现代的经济发展中，企业的管理制度和实际经济水平并不均衡，经济管理制度在发展过程中很多问题都没有得到及时解决。

**2. 企业经济管理观念滞后**

这一观念对开展企业的经济工作有着直接的影响，企业在传统的经济管理中重视的是怎样将利益实现最大化，从而使以人为本的管理理念受到了忽视；但在新的经济管理中，前提为实现可持续发展的目标，要求企业同时注重企业利益和以人为本的管理理念，使企业的经营效益做到最大化。目前企业经营管理者还没有注意到这一点，于是便出现了企业管理和发展较粗犷的现象。

企业的经济管理创新和管理制度创新都需要人们足够重视，制度是在约束经济管理中很重要的一点。经济管理制度的创新不仅可以采用约束性的条款，在市场经营中使企业成为高效经济团体，并在企业内部构建出经济团体框架，让企业自己承担盈亏风险，以便在产品开发时体现出创新与活力；还可以在企业内部实行激励体制，让企业在发展中尽量不受到阻碍和限制，也不会因为企业过多开放产生各种风险。此外，企业经济管理中制度创新的控制、协调和规划的依据是企业的日常生产经营，并在企业的生产经营中合理规划并组织好制度创新，形成全面的企业经济管理制度格局，也让企业经济管理制度的控制与约束能力得以提高。

### 3. 企业经济管理组织结构存在的问题

如今我国的很多企业因为计划经济存在惯性，于是在内部的组织结构中，国有企业和私有企业的计划经济特点都非常明显，其普遍存在的特征就是等级森严，且组织结构紧密。很多的国有企业中的大型企业，为了方便管理和一些其他原因，会专门设置很多职能部门，但这种组织结构通常会为一线职工增加不必要的工作量，从而导致职工的工作积极性明显降低，并对企业的主要生产流程产生阻碍。职能部门多且复杂是大型企业中存在的通病，部门多意味着管理者也多，会有更多的部门推卸责任，将烫手的山芋传来传去，就会直接导致审批的程序复杂化。

### 4. 经济管理人员落后

很多企业在经营过程中已经差不多构建出了基本人员队伍，方便完成经济管理的相关工作，也使得工作能更有规范地进行。但在对很多企业进行研究时发现，其经济管理人员的素质并没有那么高，这些人也没有受到过专业培训，只是简单了解了经济管理的相关内容。结果就是他们过早地投入了经济管理相关的工作中去，在方法和理论还没有掌握充分的情况下，很容易出现各类问题。即使有些人已经掌握了相关的专业技能，但他们的科学价值观还没能养成，综合素质也都不高，因此经常会出现在工作时因为自身的原因，导致工作无法按照相关规定完成，还会导致各种问题在经济管理的工作中出现，使企业发展停滞不前。

## （二）相关对策

### 1. 控制与审核

信息化管理在现代化企业管理中的重要性逐渐提升，要建设企业网络化的管理信息系统，并在公司内部实行控制制度建设的技术基础就是建立统一的管理信息系统。企业管理一旦实行一体化，即从开始就可减少管理中出现的错误和偏差，对企业可能出现的经营风险进行有效规避；同时要注重内部文件的时效性，让最新的公司决策能在第一时间让员工知晓；对外方面还要对信息进行全面的收集，时刻注意建立和客户的联系，对政府最新的政策和法律法规有充分的了解,让政府、公司与客户之间建立平台便于三方联系,在最终传递给公司决策层时要确保准确及时。企业在审核内部经济管理体系文件时要按照计划进行,其中形成文件的有经济管理手册、经济方针和目标,以确保过程的有效策划、控制和运行。企业还要对审核人员的组成、审核方法、资格和范围等进行策划,使其记录能符合要求并且能得到有效实施。要注意,内审记录的保留要保证清晰,方便人们的检查和识别。

### 2. 改善企业生产过程

企业生产中,无论是前期采购还是真正投入生产,在这之中或多或少都会有无法预知的因素存在,并且会对整个生产目标的实现有影响。因此,为了保证企业在较长时期内能有好的收益,还能持续不断发展,其采取的经济管理模式一定要稳定。

#### (1) 采购

企业在明确经济管理要求时,要保证其采购活动和质量是符合标准的,能够实现利益的最大化。进行采购时要实行招标制度和企业资质审核,其中包含了供方的经济实力、信用状况、运输手段和经济管理状况等,并且要评价采购的程序、方式和供方的履约能力。等到了事物的交货阶段,要定期检查国家规定的计量器具,如秤砣,要有准确性和交易的公平性,以此来确保买卖双方的利益。如今信息化管理已经被很多企业所使用,计算机软件在实际应用中也要反复进行确认才可以。

#### (2) 生产

企业在刚开始投入生产时都会对生产计划和目标进行制定,因此也难以避免地会有意想不到的情况阻碍其实现生产目标,因此企业要积极采取措施对存在原因予以消除,并且还要组织评审、确定原因和需要实施的措施。在经济管理体系的实施过程中,企业也要采取适当的方法进行测量与监视,以此证明策划结果得以实现的能力,并对纠正措施的结果进行详细的记录和评审,对经济目标实现的多少有充分了解。

为了让不符合标准的情况不再发生,在评审措施后要采取适当的预防措施。企业则在确定措施后,测量、监视和内部审核其过程与结果,防止还残留潜在的不符合因素。一旦发现不符合应该立即采取措施,首先要消除已经发现不符合的;其次要相关方与顾客进行协商,接受不符合;最后是防止不符合继续蔓延而采取相应措施,不符合的性质和之后所能采取的措施记录要继续保持。企业应该对不合格的原因找到解决方案并消除,以免再次发生类似情况,按照评审结果和有关记录要对程序进行重新制定,将不合格因素去除，使不符合的情况不再继续蔓延，再对这一情况继续予以保持，分析不符合的原因。

### 3. 改善观念加强创新

观念是行为的前提，所以企业在管理观念上应该及时地更新，企业的管理者还要结合企业和行业的发展特征与趋势，用新的管理理念替代旧的。要实现现代企业管理经济学的思想基础就是管理观念，同时它也是指导思想，即用来指导具体的管理工作。经济管理理念中的先进科学可以在一定程度上加快公司的发展进程，而落后的观念则会让企业的经济发展停滞不前，因此，加强管理理念的宣传力度是必不可少的，不仅能够使员工时刻保持危机意识，还可以使企业内部经济管理的利益得到积极稳固提升。并且，为了充分激发员工潜力，企业还可以适当营造出竞争的氛围，让其环绕在员工左右产生竞争意识，使员工除了完成本职工作之外还能发挥出自身潜力，为企业发展献出自己的一分力量。

此外，一方面，可以创新经济管理的方式，从组织结构上下功夫，使其变成扁平化结构，这样一来不仅减少了管理的层次，还使企业的管理幅度得到增加，便于一些与经济相关的信息和反馈更加及时；另一种方式就是让组织结构柔性化，企业必须解除原来的机构组织对其自身的强大束缚，建立柔性化的组织结构就可以让企业在面对外部环境时更加灵活。

### 4. 构建高素质队伍

在企业中，经济管理工作的主要执行者是人员队伍，为了能够有效地开展经济管理工作，就要构建一个人员有较高综合素质的经济管理队伍。在建立队伍开始，企业要对管理人员进行选择并制定较高的标准，即为了应聘人员能在日常实际的工作中冷静处理各类问题，就应要求其熟练掌握专业经济管理技能，此外还要有较好的思想道德品质，认真负责自己的每项工作。

## 第二节 现代企业经济管理的创新策略

一个企业的精髓是其经济效益的好坏，这不仅是作为关键标准来判断企业是否在正常运行，还是作为依据来观察企业间的相互竞争，而提高企业经济收益的前提条件则是要先提高资金的使用效率。所以在企业经营过程中，占主要核心地位的是要加强企业的经济管理，提高资金的使用效率，这同样也是现代企业中需要反复强调的重点。随着经济全球化与一体化进程的不断加快，市场竞争日益激烈，在此时代背景下，企业要想在竞争中脱颖而出，必须不断更新设备设施，提高经济管理水平，不断创新，让企业的经济管理更好地服务于生产经营，认识到企业要想发展就离不开经济管理的创新。但实际上，我国企业的经济管理过程还有很多没能解决的问题。下面将立足我国现代企业的经济管理现状，按照企业经济管理的特点，对创新经济管理在企业中的重要作用进行较为详细的阐述，最后为了企业能更好更快发展，从多个角度提出经济管理的创新策略。

## 一、现代企业经济管理创新的重要性

### （一）经济改革的要求

企业的经济管理是作为重要手段来对企业资源进行优化整合的，在一定意义上也是生产力的一种表现形式。如今，市场经济正处在高速发展的时期，科学技术的更新换代也是突飞猛进，当今社会中，互联网经济和知识经济的优势不断显露出来，新经济时代下的企业要想赶超其他企业，就要加强对经济管理的创新。如果不能适应市场经济和时代的发展，企业就将在这场竞争中处于不利地位。

### （二）企业发展的需求

不同的企业，它们的管理体系和经营模式也各不相同，但相同的基本上是企业的管理体系和经营环境，首先这两点都是受经济全球化趋势逐渐加强的影响，除此之外，在知识经济是主体的情况下，经济发展新形势的影响和互联网技术发展的影响也占很重要一点。受外部环境影响，企业面临着逐渐开放的态势，其在国际市场中的竞争压力也日趋增大。在如今这个新经济形势和环境中，企业将同时面临着机遇和挑战，同时要对创新经济管理进行不断创新，才能加强企业的综合竞争实力，企业才会不停地进步与发展。

## 二、现代企业经济管理的职能

如今企业的各项制度已经日益完善，其组织结构也在不停地健全发展之中。经济管理是企业管理的核心内容之一，它的具体职能和管理的内容同样发生着改变。企业经济管理职能的含义，即企业的经济管理是通过企业再生产的环节，体现出来所具备的功能的。具体来说就是，决定经济管理职能的，有来自管理理论和实践发展的影响，以及财务工作本质的影响。而经济管理的主要职能体现在财务计划职能、财务控制职能、财务协调职能和财务组织职能。

## 三、现代企业经济管理中的创新策略

### （一）企业经济管理理念创新

企业中经济管理理念创新的先导有思想观念的转变与创新，要切实贯彻理念的创新，对经济管理理念的创新概念给予正确的理解。纵观我国企业的现状，我国企业的经济管理发展仍然会受到陈旧经济管理观念的影响，从而阻碍企业的发展，很多的企业管理者思想更新的意识薄弱，观念也落后，危机和竞争意识更是少之又少。因此企业首先就要努力倡导理念的创新，只有创新了理念才能更好地对经济管理进行创新。经济管理理念的创新是通过独特的思维方式，管理机制与视角，纠正和摒弃过时、陈旧的思维模式，在企业内部真正做到创新管理，树立创新观念，使企业经营有长足的发展与进步。不仅如此，以后的其他管理创新机制都要将理念创新放在重要位置上。

### （二）加强对企业经济管理制度的创新

实现好的企业管理自然缺少不了制度的支持，企业管理的制度也是制约经济管理创新的重要一环。所以，企业要创新，就要将经济管理和经济管理制度都进行创新。企业应当首先将人性化的管理机制放在第一位，以此为员工创设好的发展条件；此外，还要重视和加强人力资源的管理，完善管理制度，让所有员工都参与进去，建立决策与监督机制，将员工的工作积极性充分调动起来。

### （三）加强对企业经济管理组织模式的创新

经济管理组织同样也在企业经营发展中起着重要作用，为提升企业经济管理的效益，可以选择实施贯彻有效的经济管理组织。由此，企业需要对经济管理组织模式的重要性有深刻的认识，对其创新也要有所加强。首先，可以实施柔性化的管理方式建设管理组织，使其更加多样化；其次，实现扁平化的企业经济管理模式，让企业的组织层次有所简化，提高经济管理效益；最后，加快建立虚拟化的管理机制，通过先进的计算机技术合理规划经济管理组织，实现整合，为加强企业经济发展而建立无形的经济管理机制。

随着经济全球化进程的加快和市场经济改革的完善，企业也面临着巨大的竞争压力。创新作为企业发展的基本动力，在当前经济发展的背景下，也是企业提高竞争实力的基本途径。企业要想在当下获得更好的发展，提高企业在市场中的竞争实力，就必须对经济管理引起重视，针对企业当前存在的问题，制定出有效的经济管理创新对策，不断提高企业经济管理水平。

## 第三节 企业经济管理创新与发展

### 一、当前企业发展的环境概况

随着我国社会主义市场经济体制日趋完善，市场经济体制下的企业依靠制度创新等来赢得市场大份额和竞争力的要求越来越急切。我们常说的经济管理其实就是企业以自身的战略目标和长远规划为依托，通过系统理论发现不足并提出有效的解决措施，从而提升其经营利润和核心竞争力，加强可持续发展。当前企业发展环境的典型特点是知识经济。同样在这样的知识经济时代，各种信息化手段的运用是最不能缺少的，抓住信息化变革的脉搏，加强构建现代化的决策系统，合理运用先进的信息技术，这样才能在实质意义上对企业的作业流程进行变革。此外就是使企业的管理层次得到精简，实现三重提升，即信息反馈、信息传递和管理效率的提升。

能够收集整理是适应知识经济时代的关键性因素，企业在对经济管理制度进行变革时，一定要对自身的知识结构主动进行更新，也一定要重视企业管理人员的管理理念和思维模式现代化，为企业的经济管理创新提供智力支持。

#### （一）企业进行经济管理创新的必要性

**1. 经济管理创新是更新企业管理理念的必然要求**

虽然我国企业在参与国际市场竞争和适应市场经济体制方面有很大的进步，但与有几百年市场经验的国外企业相比，我们仍然需要加强变革和学习。我国企业中出现最多的问题就是管理理念的落后，其实很多企业已经意识到了这一点，也想要对企业进行革新，但总是会因为各种方面的原因，导致有良好实际表现的企业只占少数。管理理念的落后使很多企业的经济管理革新只局限在表面，而本质性的转变则很少或是根本没有。

**2. 经济全球化是更新企业管理理念的外在动力**

如今我们都知道，世界经济的联系已经逐渐密切起来，在国际市场中会直接体现出其他国家的经济波动，且会产生不利于本国经济的影响。我国的企业在这个日益激烈的国际市场竞争环境中，要想只依靠低成本就能占领国际市场的想法已经不适用了。因此，企业想要长久实现可持续发展，就必须要对经济管理进行创新，通过提升产品质量、加强创新能力和突出企业特色等来实现。与此同时，国外企业都已经开始慢慢地进行自我变革，突出自身特色优势，这一点也给我国的企业发展提供了启示。

### 3. 制度落后是更新企业管理理念的内部原因

我国的自身建设方面若是和国外企业对比，不管在重视程度，还是制度的现状方面有着很大的差距。随着市场竞争的日趋激烈，企业的生存空间逐渐加大，于是一定要将企业经济管理的变革不断向前推进。很多的企业经营实践都说明了，管理制度的落后导致企业管理制度的先进性并不能体现出来，在内部控制中也无法落实。如今已经有不少企业脱离了实际，且内部控制目标的定位偏低，而且这些目标常常趋于形式化，所以无法确保控制企业内部运作的规范性和高效性，使企业没办法让协调机制做统一化处理，最终降低企业的经营效益。

## （二）新历史形势下进行经济管理创新的途径和方法

### 1. 以先进理念为指导思想

以先进的理念为指导是在新历史形势下，企业创新是经济管理创新的新方法、新路径。只有依靠先进理念的指导，才能保证经济管理制度原则的正确性和创新方向，企业才能制定出科学合理的执行方法和管理策略，才能确保企业的根本发展战略与创新规划是能相适应的。企业在贯彻先进理念的过程中要做到以下两点。

首先，要坚持贯彻上下结合的理念。作为一个发展企业的领头人物，领导和管理层都应该掌握先进的经营理念，因为它与企业的发展状况息息相关。企业中人数最多的就是企业内的职工，并且他们还是作为一线人员来执行先进理念的，而这种理念的执行会影响企业的各项经营方针和管理制度的执行效果。所以，只有通过企业基层和高层的共同努力，才能真正实现先进理念的执行，让企业的所有人都能感受到先进理念带来的创新，以此实现各种相关政策的执行。

其次，应该抛弃旧理念。这一做法是相当有难度的，需要有卓越的精神和强大的勇气，企业领导在纠正旧理念时要加强引导，循序渐进，不能没有计划和目的地盲目展开，一定要等已经将旧理念的一部分进行消除之后，再接着将新理念逐步推进并落实。

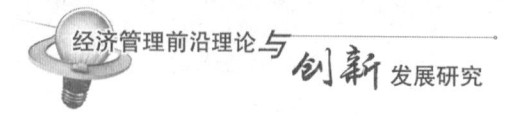

### 2. 强化企业的内部控制管理

企业的各部门首先要加强调控，在经济管理中最重要的组成部分就是企业的内部控制，无法适应市场经济发展要求的一般是以财务为依靠的企业，因此就需要财务部门相应地做出改变，以便让财务管理的发展更加全面化。其次是要将企业的监督体系予以完善，市场经济是在不断发展变化的，对财务内部监控工作的完善在竞争激烈的市场经济体制中有不可预估的效果。具体要培养财务各部门认真负责的态度，建立以控制财会为核心的体系，实施内控机制，防止出现违反规章制度的情况发生。

### 3. 提高企业的信息化技术实力

实现经济全球化与一体化的基本保证是信息化技术，它也是作为首要条件之一来进行发展社会化生产的。建设能够加快技术创新和降低成本的革新，帮助企业推行现代的企业制度，并且转换经营机制，使企业的产品不断增强市场竞争力。对信息的快速反应能力是当前企业信息化实现的标志之一，也是企业检验工作效率和竞争力的重要标质。企业实现信息化能从一定程度上适应市场发展的需要，还能满足社会改革的需求。就目前来说，我国企业的信息化技术正处于发展阶段，企业内部改革也随着发展不断深入，很多企业已经开始朝着创新管理的方向推进了。

新的历史形势要求企业经济管理制度应当与客观环境的变化相适应，与时俱进，不断满足企业新环境的发展要求。因此，创新企业经济管理制度，其发展宗旨一定要与企业的高度契合，并保证在管理措施和经营目标上能清晰明确，保证获取企业发展目标所需的资源。

## 二、企业经济管理创新存在的主要问题

没有创新就没有发展，一个企业内外部环境的转换要让创新能与其相适应，就需要打破原有的平衡，实现新的平衡状态，以此实现企业新目标。

### （一）企业经济管理创新重形式轻落实

企业已经对创新的作用有了普遍的认可，但很多企业还是会出现重形式轻落实的问题。其分别体现在三个方面：第一，管理层关于经济管理创新的认识不全面。现如今，管理者常常在培养人力资源和升级设备上投入大量的精力，但在经济管理创新上却没有很全面的认识，最终导致创新没有什么效果。第二，工作人员对待经济管理创新的积极性不高。经济管理人员对创新的认识不到位，还是会依照传统的管理经验和模式进行管理。第三，企业缺

乏进行经济管理创新的良好氛围。这种情况多会出现在以合伙式和家庭式为主的中小企业，在这些企业中很多都没有将创新作为核心动力进行落实。

### （二）企业经济管理创新缺乏人才支撑

企业经济管理实施的关键就是人才。企业经济管理的工作人员由于有各种问题的存在，从而无法形成创新。首先就是拥有不正确的观念，有很多企业内的人员并没有将创新作为自己的本职任务，而将其归为管理层的行为，致使其对怎样提高工作质量没有基本的认识；其次就是企业监管力度不大，企业内部的管理不够规范会导致在进行经济管理时没有科学的评估，结果会造成企业管理的效益不足；最后就是员工动力不足，企业在对员工创新时的鼓励不够，员工的积极性没有被充分调动起来，在以后发挥作用时也会受到影响。

### （三）企业经济管理创新缺乏必要保障

企业经济的管理活动是一项系统工程，涉及了企业的方方面面，所以其实现创新时需要有一定的条件为保证。很多企业在实际工作中创新会很难实现，大部分因素是由于缺少必要的保障。其主要体现在三方面，分别是：不合理的经济管理组织、不科学的经济管理评价和缺少必需的奖励机制，这些都多多少少影响着经济管理活动的展开，使工作的质量和效果受到很大影响。

## 三、企业经济管理创新应把握的重点环节

企业的核心工作之一就有企业经济管理，在企业的发展中，它的创新价值有着非常重要的作用，所以更要紧抓重要的环节不放，由小及大加快企业经济管理质量的发展。

### （一）经济管理的观念创新是基础

进行经济管理的过程中一定不能继续使用传统的模式，而是要学会结合企业实际和市场的发展变化，首先要做的就是树立与时俱进的观念。管理层应时刻牢记创新就是企业管理的核心，是重点，还要在对员工进行工作质量考评时，将创新作为重要依据，以此保证有良好的外部环境。另外还要让员工将创新作为义务来对待，鼓励普通员工在企业经济管理的创新活动中贡献自己的一分力量，真正提升企业经济管理质量。

## （二）经济管理的技术创新是保障

发挥科技进步的优势，在经济管理活动中加入先进设备，如网络、自动化和电脑等，还要建立完善的管理数据库和亲民的管理平台。建立完善的管理数据库可以提高企业方方面面的管理质量及效益，并提供精确的数据给管理人员；建立亲民的互动平台则让员工在提出建议、反对问题时能有一条通畅的渠道，具体可以建立聊天群和论坛等。

## （三）经济管理的组织创新是关键

组织模式也是对资源的一种配置方式，包含了对人、财、物等资源结构有着稳定性的安排。在如今这种市场变化明显和信息量巨大的环境中，企业经济管理创新的关键就变成了要建立一个适应市场需求和满足企业发展的管理组织模式。所以应当首先建立一支精干的管理团队，通过结合先进科技手段和职能细化分工的方法，解决传统机构会发生的各种问题；其次是构建高效的组织形式，在加强企业管理模式的改变上，要善于运用责任追究和分工合作等方法，将管理组织变得高效且务实；最后是要培养核心的团队精神，通过改变企业文化的管理结构等方式，提高管理人员的凝聚力，为落实创新提供可靠保证。

## （四）经济管理的人才培养是核心

应当先加强对现有人员的培养，通过对经济管理人员的在职、脱岗培训等，提升他们的综合素养，在其观念中牢固树立创新意识，以此来提高管理质量；另外，还要对新进人员的素质加以提高，可以在招录新人时，对其标准有相应的提高，不完全按照学历进行人才选拔，而是在多方面，如综合素质和创新能力等方面考核。

# 四、网络经济下企业财务管理的创新

网络通信和多媒体技术的发展非常迅速，由此也出现一系列新的企业系统应运而生，如网上企业和虚拟企业等，也就慢慢形成了网络经济。网络经济的快速发展为企业参与市场竞争迎来了全新的机遇和挑战，改变了财务管理的环境，改变了人们传统的财富、资本与价值观念，也为推动企业经营的全面管理创新发挥着重要作用。

## （一）网络经济下企业财务管理的缺陷

### 1. 信息化程度不够高

在一个国家中，任何一个单位或企业的信息化程度都会在很大程度上决定国家行业在未来的走向与发展。我们现在虽然生活在互联网时代，但依然有很多实际表明了我国的信息化程度较低，在计算时仍然不能很好地使用国内外的数据，并通过信息化工具进行分析和对照，还仍是运用之前单纯的会计核算。这就要求我们要将传统财务管理的粗放型逐步转变为数据对比精细化，通过信息收集，科学地对企业的未来走向与趋势进行预判，并先做好风险规避。

### 2. 财务管理体系落后

网络经济时代的到来，使得很多企业发现其财务管理体系只能起到非常单一的作用，不能通过多角度、全方位的监督对企业各财务间的往来有充分的掌握，也无法及时地进行分析、查处，这就导致了无法进一步落实财务活动，在管理财务方面也会出现问题。在互联网背景下的企业创新财务管理模式和传统企业不同，但二者的共同目的都是让企业能够提升利润和利益。这就告诉我们在企业的长久发展中，不能单纯地只走一条发展模式道路，而是要在发展过程中，努力吸取教训经验，发现互联网时代中创新的企业财务管理的形式和走向，从而按照不同企业的经营特征和实际发展，将更多具有针对性的、不同的战略规则展现出来，使企业财务管理的利益最大化，也能更好地展开今后的工作。

### 3. 管理人才缺乏专业化

我国的经济水平一直在不断地发展与提高，我们都知道，经济基础决定上层建筑，在这里为我们带来的是一个国家企业、人才的进步与发展。现今，专业化的管理人才是我国企业迫切需要的，在已有职员中，很少有能够对一个行业的金融经济水平发展有一定熟悉度的人，在对经济发展走向的预判也不是足够准确，这些问题都会阻碍财务的管理。

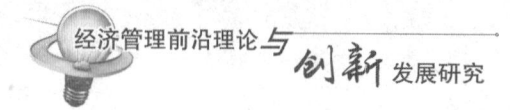

## （二）财务管理目标的创新方式

人类的生产经营活动和社会活动的网络化是网络经济的重要标志之一。因此，财务管理一定要对网络资源进行充分利用，顺应潮流趋势，并从三个方面进行创新，即管理内容、管理目标和管理模式。

### 1. 融资与投资创新

企业的融资在网络经济下，其财务管理的重心是知识和人力资本。于是，企业的投资和融资重心都开始逐渐转向知识和人力资本。并且就现在来说，网络经济下的企业竞争同样也是知识与人力资本之间的竞争，想要拥有发展和生产的主动权，就要首先拥有知识与人力资本。因此，网络经济下财务管理的重要环节也就变成了储备人力资本和筹集知识资本。

### 2. 资本结构优化创新

企业的发展战略和财务状况的基础是资本结构，而网络财务中资本结构优化创新包括以下三个层面：①确立传统金融资本内部的比例关系、层次和形式；②确立传统金融资本和知识资本的比例关系；③确立知识资产证券化的期限与种类，以及非证券化知识资产的债务、权益形式和知识资本中人力资本产权形式等。企业资本结构的创新在一般情况下来说，实现的过程是通过对融资和投资的管理。

### 3. 收益分配模式创新

在互联网的环境背景下，财务管理模式的创新可以将任何的物理距离变成鼠标的距离，使管理能力能够在网上延伸到全球的任一节点上。财务管理模式为了避免速度运营而产生巨大风险，它将过去的局部分散管理转变为远程集中处理式管理，并对财务状况实施监控。企业集团在进行远距离财务监控中，可以利用互联网对所有的分支机构，实行数据的远程报账、处理和审计等，还可以将销售点经营和监控远程库存等情况进行把握。在这样的创新管理模式下，企业集团可以轻松地通过网页登录，从而实现集中式管理，还能进行集中的资金调配，提高企业竞争力。

## 五、电子商务企业管理创新

电子商务浪潮席卷全球。电子商务将现有的作业方式和手段进行了彻底改变，也能实现缩短商业循环周期、提高服务质量、提升运营效率和降低成本，这代表企业未来的发展已经离不开电子商务了。它将对厂商生产行为、市场营销、企业组织、国内外贸易的方式和手段等产生巨大的冲击，还将引起经营管理思想、行为模式，以及管理理论、方法的深刻变革。

### （一）电子商务对企业管理的重要影响

#### 1. 对企业组织管理的重要影响

随着电子商务的发展日益加快，企业如果还是坚持已有的组织管理体系，而不与电子商务的变化相适应，那最终的结果只能是给自身的发展造成困扰与阻碍，并将与社会脱节。组织结构不分明，层次多又复杂是传统企业组织结构管理的最大特点，再这样发展下去将会大大降低企业获取信息的速度，并且员工的创造性与积极性也不容易发挥出来，阻碍企业的发展。这时电子商务的出现，突破了企业内部间在地域和时间上的限制，使企业的发展迎来了全新的机遇。

#### 2. 对企业生产管理的重要影响

在企业实施电子商务后，各生产阶段的联系都能通过网络进行，传统的直线生产也可逐渐改变，变为在网络经济背景下进行并行生产，这样做的目的主要是能节约很多等待时产生的时间，这样不仅可以提高生产效率，还能使企业在现场管理和全面质量管理方面能又好又快地完成。影响电子商务业务顺利开展的前提条件，可以概括为生产过程中低库存、现代化的生产，以及数字化的定制生产等，使得企业的生产、供应、配送与设计各环节更加有条不紊地进行。

#### 3. 对企业财务管理的重要影响

对现代企业来说，电子商务的出现将时间和地域的局限逐渐打破，并扩大了企业贸易的范围，同时也在企业中迎来了较高的经济收益。企业想要求得进一步的发展，就一定要学会随着时代的发展而进行改变，最新态势的发展要求已经不能单纯依靠传统意义上的财务管理模式了。财务管理在电子商务发展后，要逐步实现从静态事后的核算转变为参与企业经营过程的动态性方向；从单机性和封闭式的财务数据处理手段发展到集成化互联网的方式；从具有内部性及独立职能的管理模式发展为信息流、资金流和物流的集成性管理模式。企业的财务管理在电子商务的发展下，要求应具有的特点是：智能性、战略性、实时性和预测性，并在此基础上加快财务管理工作的不断进步。

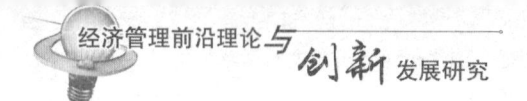

### 4.对企业人力资源管理的重要影响

如今,人力资源的竞争已经慢慢替代了市场的竞争,企业想要加快其竞争力的步伐,最重要的就是人力资源管理方面的工作要做好。电子商务是依靠技能型人才来控制的,是一种新型的生产力,它的发展使企业在人力资源上的工作,如引入、培训、测试和录用等方面进行得更加容易和顺利,且所需费用也得到了有效降低,并成功引进了大批人才。与此同时,越来越多的企业已经开始接纳了通过电子商务进行招聘的形式,并且还带动了人才测评和流通手段等的发展,企业和员工也有了较之前相比更为自由的沟通,使企业在人力资源管理上的发展越来越快,不仅很好地跟上了时代步伐,还使企业间的其他工作有了良好的革新与发展。

## (二)电子商务背景下企业管理创新的良好策略

### 1.重视企业人力资源管理的改革与创新

如今已是知识经济的时代,社会中的各个行业都少不了人力资源,特别是以电子商务为背景,人力资源管理的创新在企业中占有非常重要的地位。也就是说,企业应当自觉主动地按照发展的实际情况,利用现有的便利条件,利用电子商务发挥人力资源的各方面优势,如在引进、录用和培训等方面的加强,保证这些人才培养的模式是完全适应企业发展的。还可以通过多种方式,如带有主题性的拓展训练活动、电子商务专题会议和邀请外界专家等,在人力资源管理中,使所有工作人员都能认识到电子商务模式的重要性;此外,在员工日常工作和生活中,企业领导要经常与其交流和沟通,尤其是在电子商务方面,要及时询问员工的意见和建议,集思广益,这样不仅可以拉近相互间的距离,还能促使电子商务的运用能更加合理化,在之后企业开展人力资源管理工作时也能更有针对性。

### 2.加强企业财务管理的创新

企业的财务管理在受到电子商务、知识经济和经济全球化等浪潮的冲击下,唯一能做的就是加强创新和完善自身建设。有效做法就是进行创新,首先应在财务管理理论上创新,企业的财务目标和无形资产等方面的变化,是企业投资决策的重点,人力资本的所有者都被规定参与企业税后的利润分配,以保证财务实践在理论的指导下能进行顺利;其次应在财务管理手段上创新,并要求企业要在电子商务的背景下,与自身财务实际相结合,使财务管理信息化系统更加完善,使其从传统的数据,如电算化初步磁盘数据和纸质数据，逐步转变为网页数据。并应帮助企业实现财务和业务在审计、协同和远程报表等方面的管理，提高财务管理效率，降低成本；最后，是对安全建设信息系统的重视，除去工作中必要的常规性检查、规定用户权限和防火墙设置等，还要对电子商务背景下的财务管理走向，指派专业人员定期或不定期地完善和补充其信息系统，使企业的财务工作更加科学合理。

### 3. 加强信息化建设的创新

在电子商务背景下，企业要将财务管理和信息技术进行结合，重新建立组织架构和流程，以便能及时有效地实施财务管理措施。虽然很多企业对财务管理进行了信息化建设，但还是有很多问题存在。

第一，财务管理的系统相对落后。虽然我们身处的时代是信息发展的时代，但大部分中小企业会为了节约成本不去更新财务管理系统，因此就影响了企业生产经营的决策，也使得财务信息在处理速度方面有所下降，这就要求企业应加强信息化建设。以企业的需求为主，对财务管理信息系统进行及时更新与完善，并寻找新方向参与多方合作。

第二，财务管理的效率较低。财务人员经常会忽视对生产和运营成本的控制，只关注产品销售的好坏，致使有不完整的财务信息出现。并且，各部门之间还存在竞争，有虚假汇报、财务信息迟缓等问题出现，没有发挥信息化优势。

# 参考文献

[1] 王关义，等 . 经济管理理论与中国经济发展研究 [M]. 北京：中央编译出版社，2018.

[2] 赵长启 . 经济管理的实践与创新 [M]. 西安：西安出版社，2009.

[3] 陈建明 . 经济管理与会计实践创新 [M]. 成都：电子科技大学出版社，2017.

[4] 刘永祥，王书平 . 经济管理前沿问题研究：理论与实践 [M]. 北京：北京交通大学出版社，2014.

[5] 陈国宏，张白 . 经济管理教学创新与实践 [M]. 厦门：厦门大学出版社，2011.

[6] 刘志仁 . 经济管理工作的实践与思考——一位企业管理者的感悟 [M]. 北京：中国经济出版社，2009.

[7] 马翠玲 . 中国经济理论与实践创新研究 [M]. 北京：中国环境出版社，2016.

[8] 李聪媛 . 管理理论与实践能力拓展训练 [M]. 重庆：重庆大学出版社，2017.

[9] 杨宜 . 经济管理热点问题研究 [M]. 北京：知识产权出版社，2013.

[10] 高淮成 . 企业管理理论与实践 [M]. 合肥：安徽人民出版社，2011.

[11] 芮明杰 . 管理实践与管理学创新 [M]. 上海：上海人民出版社，2009.

[12] 任保平，魏婕，郭晗 . 经济增长质量的理论探索与实践观察 [M]. 北京：中国经济出版社，2013.

[13] 王福君，安甜甜，曲丽秋 . 经济管理基础知识 [M]. 北京：北京理工大学出版社，2015.

[14] 唐一军，高占江，白雪，等 . 经济管理的创新与实践 [M]. 杭州：浙江大学出版社，2007.

[15] 王广斌 . 探析新形势下企业经济管理的创新方法 [J]. 财会学习，2018（35）：197．

[16] 高彬. 论现代企业经济管理存在的问题及对策 [J]. 中国商论，2018（35）：118-119.

[17] 俞红. 新形势下企业经济管理的创新策略研究 [J]. 全国流通经济，2018（35）：49-50.

[18] 周淑珍. 现代企业经济管理存在的问题与对策 [J]. 现代营销（下旬刊），2018（12）：134.